少年读中国

重庆出版集团 重庆出版社

画给孩子的
中国
世界遗产

gaatii光体
著

重庆出版集团 重庆出版社

图书在版编目（CIP）数据

画给孩子的中国世界遗产 / gaatii光体著. -- 重庆：
重庆出版社，2023.7
（少年读中国）
ISBN 978-7-229-17702-7

Ⅰ. ①画… Ⅱ. ①g… Ⅲ. ①文化遗产－中国－少儿
读物 Ⅳ. ①K203-49

中国国家版本馆CIP数据核字(2023)第103228号

画给孩子的中国世界遗产
HUA GEI HAIZI DE ZHONGGUO SHIJIE YICHAN

gaatii 光体 著

策　　划	林诗健　郑文武
责任编辑	苏　杭　夏　添
特邀编辑	柴靖君　聂静雯
责任校对	刘　艳
特邀插画	果玟君　梁嘉莹　骆　琳
装帧设计	陈　挺　吴惠蓝　林诗健

重庆出版集团
重庆出版社 出版

重庆市南岸区南滨路 162 号 1 幢　邮政编码：400061　http://www.cqph.com
佛山市华禹彩印有限公司印制
重庆出版集团图书发行有限公司发行
E-MAIL:fxchu@cqph.com　邮购电话：023-61520656
全国新华书店经销

开本：965mm×1270mm　1/16　印张：7.5
2023 年 10 月第 1 版 2023 年 10 月第 1 次印刷
ISBN 978-7-229-17702-7
定价：128.00 元

如有印装质量问题，请向本集团图书发行有限公司调换：023-61520678

版权所有，侵权必究

导读

什么是世界遗产？

世界遗产是由联合国教科文组织和世界遗产委员会确认的，对全世界具有突出意义和普世价值的文物古迹和自然景观。

被列入世界遗产的地点，必须对全世界人类都具有"突出的普世价值"，在地理或历史上具有可辨识度与特殊的意义。世界遗产可以是古代遗址、历史建筑、城市、沙漠、森林、岛屿、湖泊、山脉、荒野地区。

世界遗产设置的目的，是为后世子孙保护这些地点，以免遭受破坏。截至2023年2月28日，中国的世界遗产总数达到56处，其中世界文化遗产38处、世界文化与自然双重遗产4处、世界自然遗产14处。

中国是拥有世界遗产类别最齐全的国家之一，也是世界自然遗产数量最多的国家、世界文化与自然双重遗产数量最多的国家之一。

这本书的特点

1. 全手绘跨页大图

我们的书名叫"画给孩子的中国世界遗产"，完全采用纯手绘的方式画出来，书中的每一幅图都是根据孩子的特点绘制的。这样以全手绘插图跨页呈现的方式，生动完整地展现全部56个中国世界遗产的风采，孩子更容易接受。

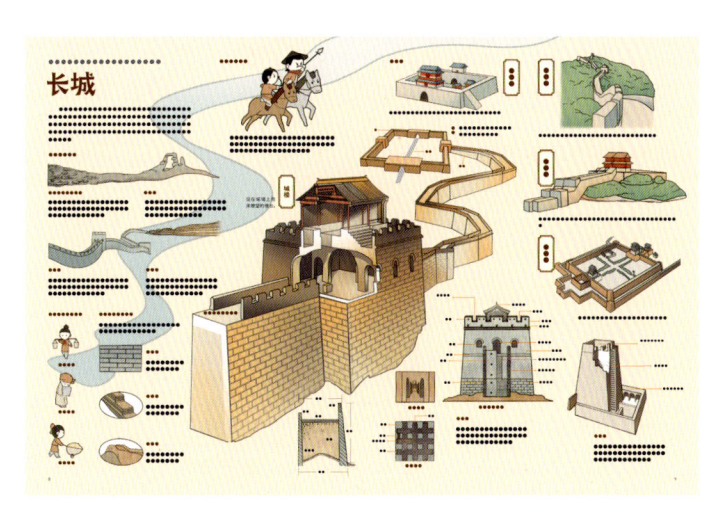

2. 知识点细节延伸

对于每一个中国的世界遗产，本书都不会泛泛而谈，轻易地略过，而是选取其中一些有趣的点，进行知识延伸，放大细节。比如天坛祈年殿的建筑细节，杭州西湖中三潭印月的形成原理，福建土楼的建造过程，开平碉楼的各种样式等等，以画图的方式直观讲解，满足如今的青少年读者们对于细节深挖的阅读需求。

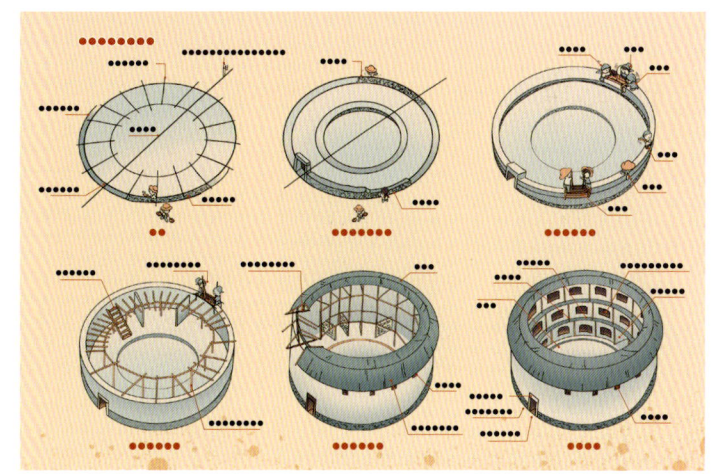

附：世界遗产的评定准则

世界遗产分为自然遗产、文化遗产、复合遗产（文化与自然双重遗产）三大类，每一类都有其相应的甄选准则，共计十项。遗址必须至少符合十项准则的其中一项，才能被列入世界遗产名录：

(ⅰ) 能代表人类的一种创造性天才杰作。
(ⅱ) 在某一时间内或某一文化领域内，对建筑、技术、纪念性艺术、城镇规划、景观设计的发展产生极大的影响，能体现人类价值的重要交流。
(ⅲ) 能为一种现存的或已经消失的文明、文化传统提供一种独特的或至少是特殊的见证。
(ⅳ) 能成为建筑类型、建筑或工艺的组合或景观的卓越典范，展示出人类历史上一个或数个重要阶段。
(ⅴ) 能成为人类传统部落、土地或海域利用的卓越典范，是一种（或多种）文化，或人类与自然环境相互影响的典型代表，尤其是在不可逆转之变化的影响下变得易损。
(ⅵ) 能与具有显著的普遍意义的重大事件、现存的传统习俗、思想、信仰、文学艺术作品有着直接或实质的联系（此项一般会和其他准则结合使用）。
(ⅶ) 拥有绝妙的自然现象或富含自然美景和自然美学重要性的地带。
(ⅷ) 能出色展现地球发展史的重要阶段，包括记录了生命进化、地貌发展中重要且持续的地质变化过程，或极具代表性的地形或地貌特征。
(ⅸ) 在陆地、淡水、沿海和海洋生态系统、动植物种群的演变和发展上，能出色展现重要且持续的生态和生物进程。
(ⅹ) 对于原生态的生物多样性，包括那些从保育或科学的角度来看具有显著普遍价值的濒危物种，拥有最重要且意义非凡的自然栖息地。

(ⅰ) 至(ⅵ) 项是判断文化遗产的基准，(ⅶ) 至(ⅹ) 项是判断自然遗产的基准。同时符合(ⅰ) 至(ⅵ) 与(ⅶ) 至(ⅹ) 的一项以上的，被判断为复合遗产。

注：在每一页左上角的"入选时间"旁，我们都会标注该遗产的类别以及入选依据，比如"文化遗产(ⅲ)(ⅵ)"，表示这是一项文化遗产，它符合以上第(ⅲ)和第(ⅵ)项评选准则。

目 录

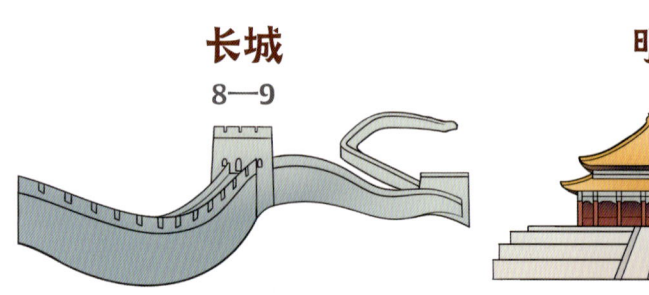

长城
8—9

明清故宫
10—11

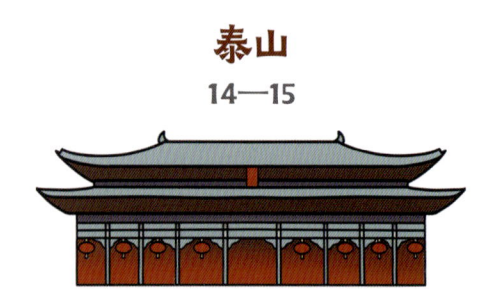

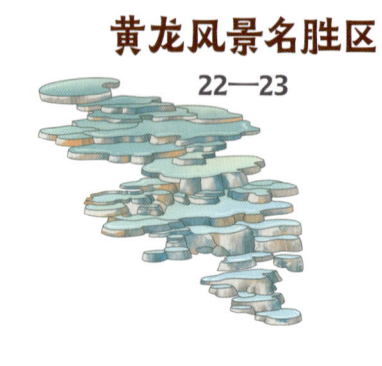

秦始皇陵及兵马俑
12—13

泰山
14—15

莫高窟
16—17

周口店北京人遗址
18—19

黄山
20—21

黄龙风景名胜区
22—23

九寨沟风景名胜区
24—25

武陵源风景名胜区
26—27

拉萨布达拉宫历史建筑群
28—29

承德避暑山庄及其周围寺庙
30—31

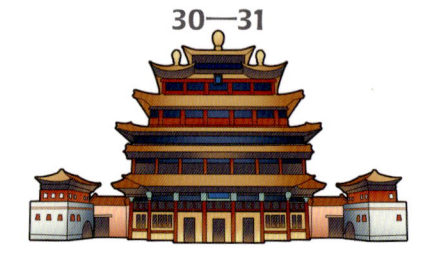

曲阜孔庙、孔林和孔府 32—33	**武当山古建筑群** 34—35	**峨眉山—乐山大佛** 36—37
庐山国家公园 38—39	**平遥古城** 40—41	**丽江古城** 42—43
苏州古典园林 44—45	**北京皇家祭坛：天坛** 46—47	**北京皇家园林：颐和园** 48—49
大足石刻 50—51	**武夷山** 52—53	**龙门石窟** 54—55
青城山—都江堰 56—57	**明清皇家陵寝** 58—59	**皖南古村落：西递、宏村** 60—61

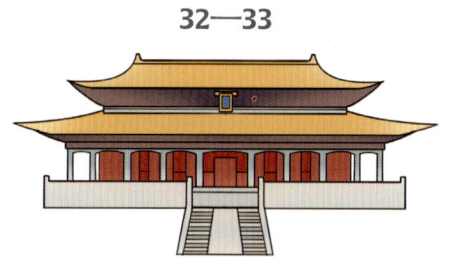

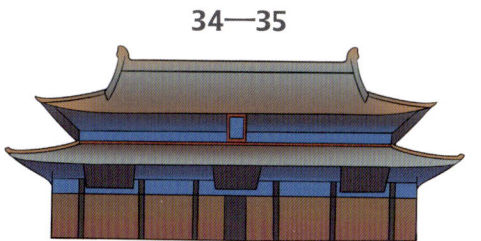

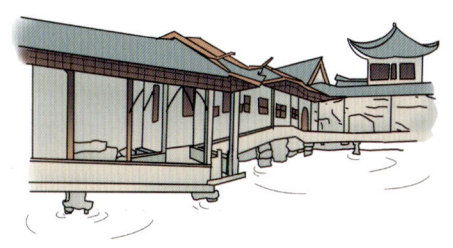

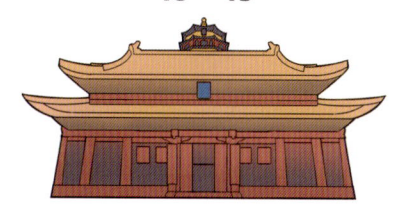

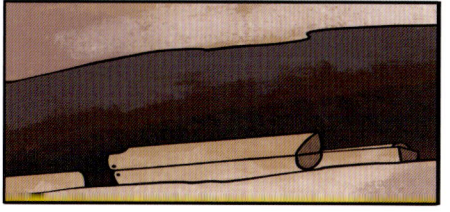

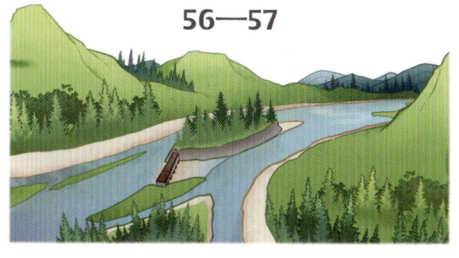

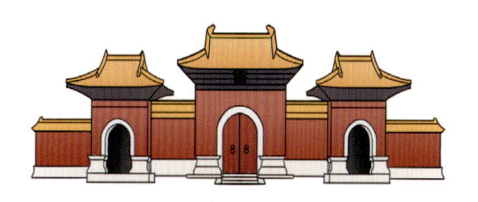

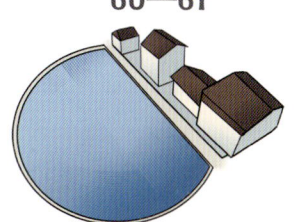

云冈石窟
62—63

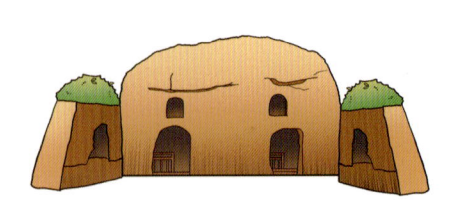

云南三江并流保护区
64—65

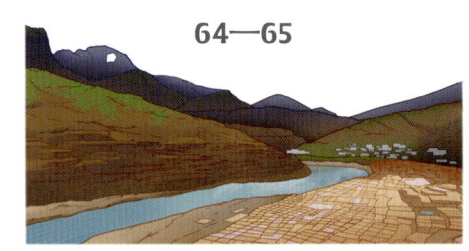

高句丽王城、王陵及贵族墓葬
66—67

澳门历史城区
68—69

四川大熊猫栖息地
70—71

殷墟
72—73

开平碉楼与村落
74—75

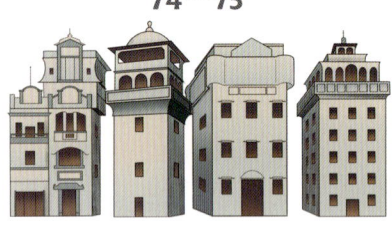

中国南方喀斯特
76—77

福建土楼
78—79

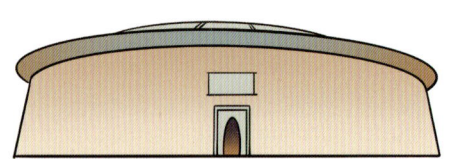

三清山世界地质公园
80—81

五台山
82—83

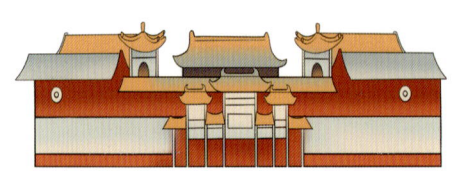

登封"天地之中"历史建筑群
84—85

中国丹霞
86—87

杭州西湖文化景观
88—89

澄江化石遗址
90—91

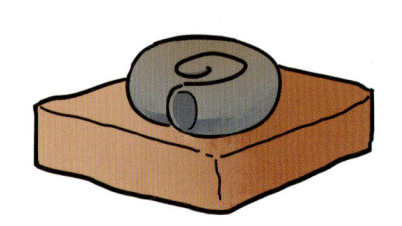

元上都遗址
92—93

红河哈尼梯田文化景观
94—95

新疆天山
96—97

丝绸之路：长安—天山廊道的路网
98—99

大运河
100—101

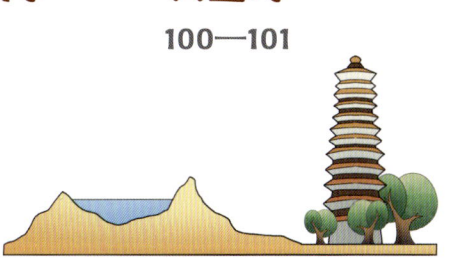

土司遗址
102—103

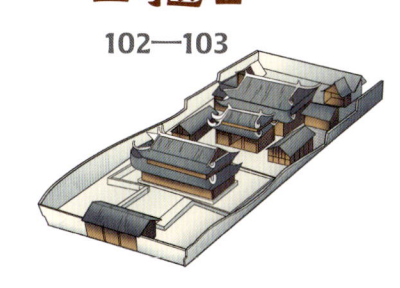

湖北神农架
104—105

左江花山岩画文化景观
106—107

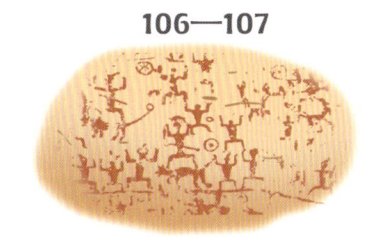

青海可可西里自然保护区
108—109

鼓浪屿历史国际社区
110—111

梵净山
112—113

良渚古城遗址
114—115

中国黄(渤)海候鸟栖息地
116—117

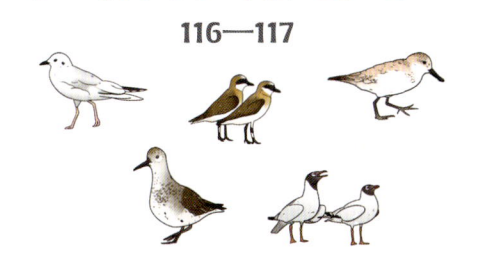

泉州：宋元中国的世界海洋商贸中心
118—119

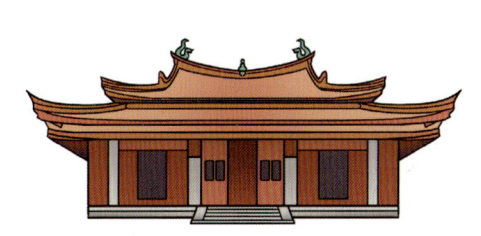

入选时间：1987 年 ｜ 文化遗产 (i)(ii)(iii)(iv)(vi)

长城

公元前约220年，秦始皇下令将早期修建的一些分散的防御工事连接成一个完整的防御系统，用以抵抗来自北方的侵略。长城的修建一直持续到明代（1368至1644年），终于建成为世界上最大的军事设施。长城在建筑学上的价值，足以与其在历史和战略上的重要性相媲美。

历史上的长城

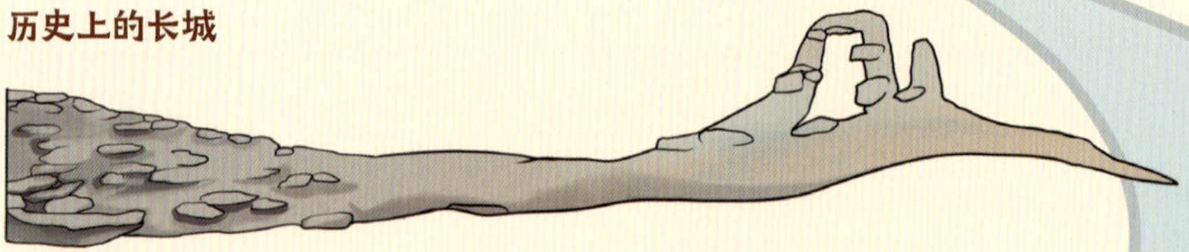

春秋战国的长城

长城在春秋战国时期已有修筑，目的在于防御，大致可分为北长城和南长城。北长城用于抵御北方的少数民族，南长城用于各国之间的防御。

秦长城

秦始皇统一中国后，下令将各诸侯国修筑的长城连接起来，同时拆毁各国原用来互防的城墙，后称"万里长城"。

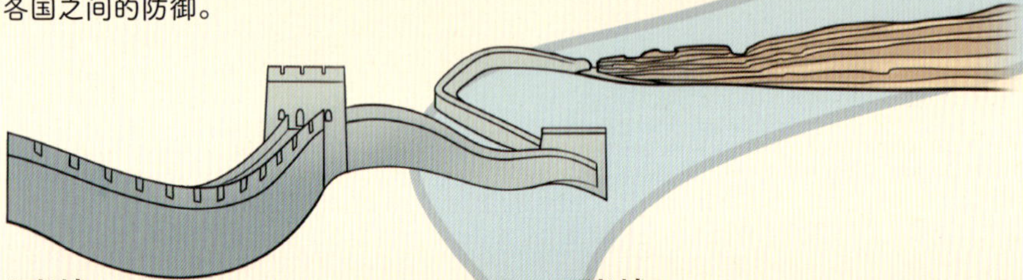

汉长城

汉武帝登基后击退匈奴，继续修建长城，先后筑成一条西起大宛东至朝鲜、全长近一万公里的长城。汉长城是历史上最长的长城。

明长城

明朝时为抵御蒙古和女真的边患，先后20次大规模修建长城，这也是现在所见到的大部分长城。

修建长城的主力

- 戍边士兵
- 充军的犯人 
- 征集的百姓 

长城构筑材料

建造长城所需的材料均按"因地制宜"的原则就地取材解决。

砖石砌
在山地，则开山取石垒墙。

沙砌
在沙漠，则用芦苇或柳条，加以层层铺沙修筑。

夯土砌
在黄土地带，则取夯土筑。

长城修建的起源

中国北方自古不安宁，以游牧为主的北方民族与农耕为主的中原地区，因争夺土地资源而战事不断。长城的修筑始于春秋战国时代，已有两千多年历史，以秦、汉、明三时期的规模最大。

城楼
设在城墙上用来瞭望的楼台。

长城的建筑与结构

城墙横截面
墙身由外檐墙和内檐墙构成，填充泥土碎石。外檐墙横截面为梯形，斜坡面。一是稳固，二是美观。

5.8米
垛口
宇墙
顶面方砖
外檐墙
内檐墙
7.8
6.5米

8

长城名关

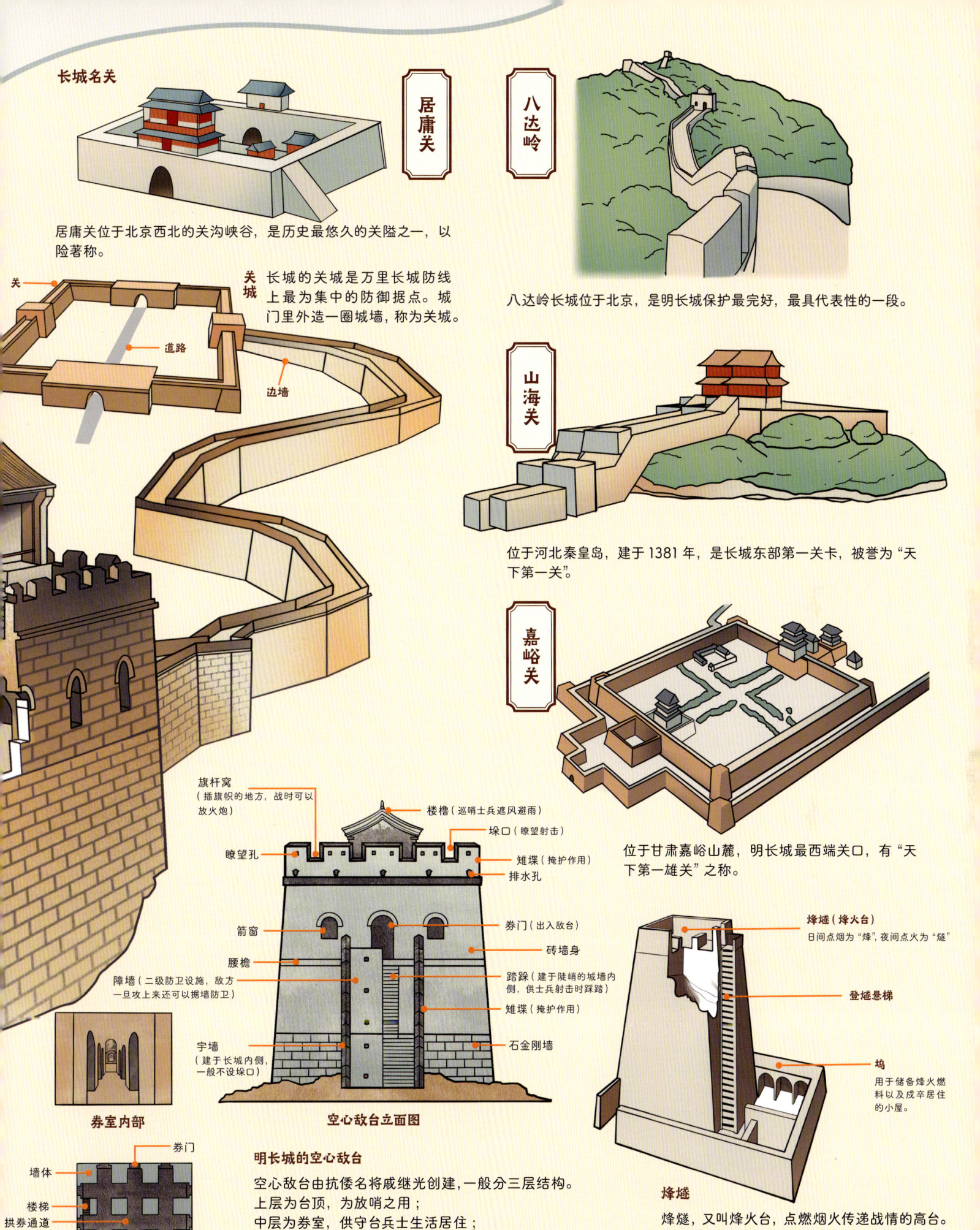

居庸关

居庸关位于北京西北的关沟峡谷，是历史最悠久的关隘之一，以险著称。

关城：长城的关城是万里长城防线上最为集中的防御据点。城门里外造一圈城墙，称为关城。

- 关
- 道路
- 边墙

八达岭

八达岭长城位于北京，是明长城保护最完好，最具代表性的一段。

山海关

位于河北秦皇岛，建于1381年，是长城东部第一关卡，被誉为"天下第一关"。

嘉峪关

位于甘肃嘉峪山麓，明长城最西端关口，有"天下第一雄关"之称。

空心敌台立面图

- 旗杆窝（插旗帜的地方，战时可以放火炮）
- 瞭望孔
- 箭窗
- 腰檐
- 障墙（二级防卫设施，敌方一旦攻上来还可以据墙防卫）
- 宇墙（建于长城内侧，一般不设垛口）
- 楼橹（巡哨士兵遮风避雨）
- 垛口（瞭望射击）
- 雉堞（掩护作用）
- 排水孔
- 券门（出入敌台）
- 砖墙身
- 踏跺（建于陡哨的城墙内侧，供士兵射击时踩踏）
- 雉堞（掩护作用）
- 石金刚墙

券室内部

券室平面图

- 墙体
- 券门
- 楼梯
- 拱券通道
- 箭窗

明长城的空心敌台

空心敌台由抗倭名将戚继光创建，一般分三层结构。
上层为台顶，为放哨之用；
中层为券室，供守台兵士生活居住；
下层是基座。券室与台顶之间设有石梯或木梯。

烽燧

- 烽燧（烽火台）日间点烟为"烽"，夜间点火为"燧"
- 登燧悬梯
- 坞：用于储备烽火燃料以及戍卒居住的小屋。

烽燧，又叫烽火台，点燃烟火传递战情的高台。白天放烟叫"烽"，夜间举火叫"燧"。
举一烟：来敌100人；
举二烟：来敌500人左右；
举三烟：来敌1000人以上。

入选时间：1987 年 & 2004 年 ｜ 文化遗产 (i)(ii)(iii)(iv)

明清故宫

我们常说的（明清）故宫包含了"北京故宫"和"沈阳故宫"。

"北京故宫"由明朝皇帝朱棣于 1406 年开始建造，1420 年竣工，是明、清时期中国的政治权力中心，也是明清两朝皇帝居住的地方，沿用时间将近 500 年。沈阳故宫，后来成为了北京故宫的附属建筑，也是清朝历史、满族和北方其他部族传统的重要历史见证。

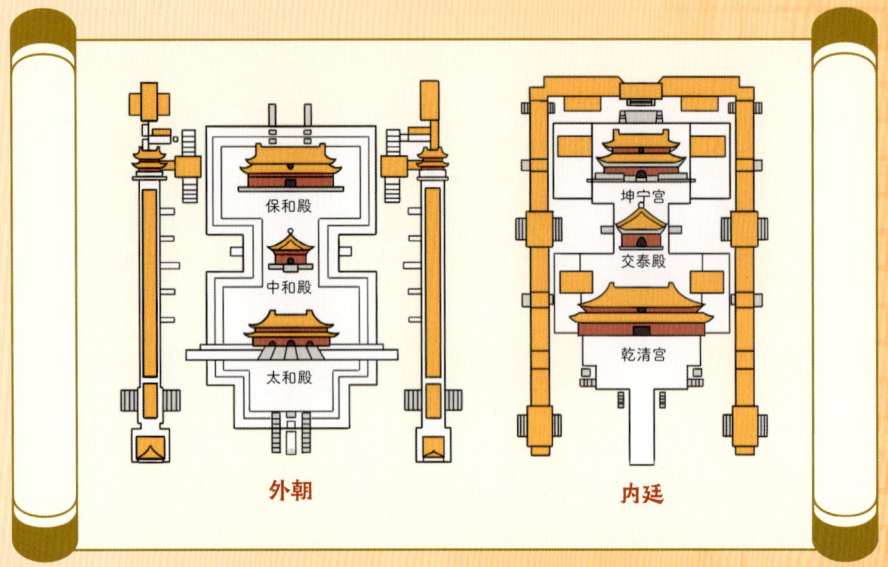

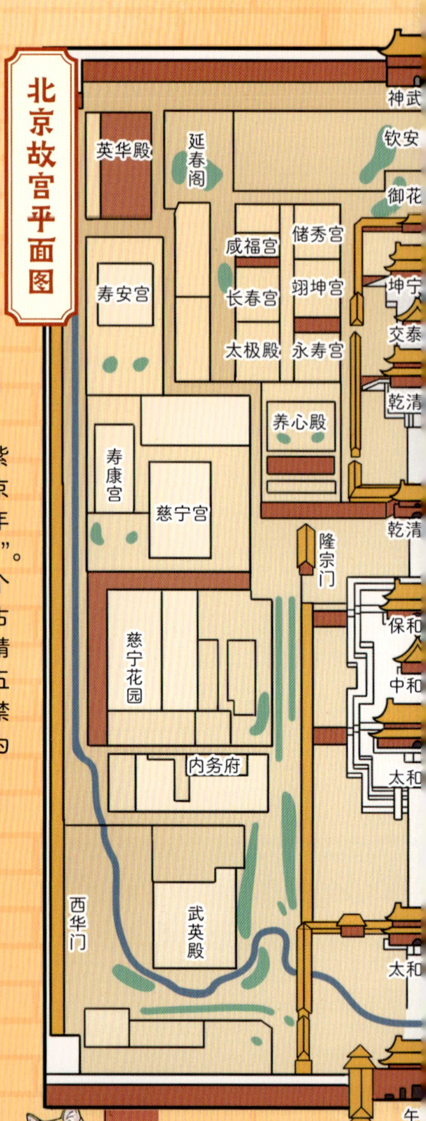

北京故宫平面图

外朝　　内廷

北京故宫，也称"紫禁城"，位于北京市中心，1925 年改为"故宫博物院"。这里曾住了 24 个皇帝，堪称中国古代宫廷建筑的精华，被誉为世界五大宫殿之一。紫禁城城内的建筑分为"外朝"和"内廷"两大部分。

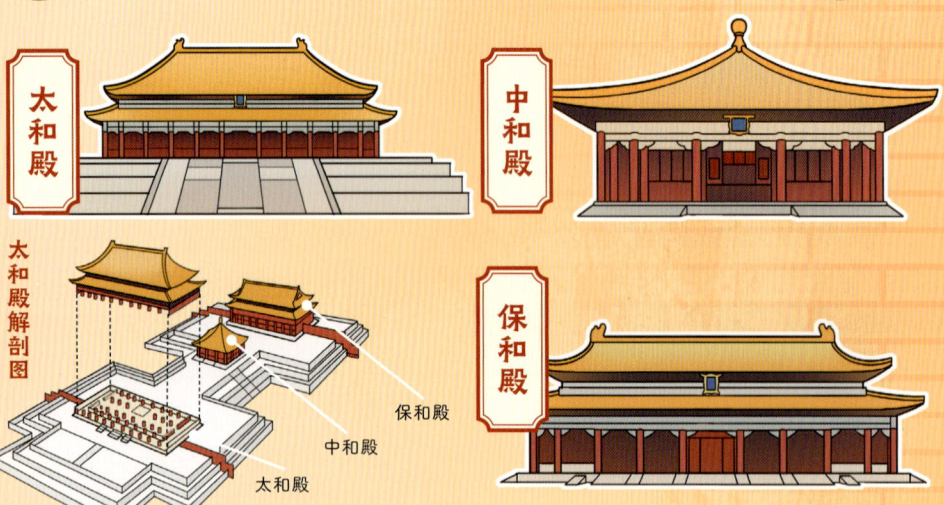

太和殿　中和殿　保和殿

太和殿解剖图

外朝由"三大殿"组成，分别是太和殿、中和殿、保和殿。太和殿是整个故宫最大的。皇帝会在这里举行盛大典礼，比如皇帝登基、宫廷设宴、册立皇后等等。

猫咪的"深宫生活"

北京故宫里生活有将近 200 只猫，据传是以前皇帝的妃子们所养的猫的后代。它们就像一群自由安逸的"猫保安"，守护着故宫的日与夜。

三大殿的"土"方位

"土"处在五行的中心，所以三大殿建在了正中央，并形成一个"土"字形的布局。同时，从天上看下去，三大殿能组成一个"王"字。

不让小鸟停留的宫殿房顶

没有一只小鸟能在故宫的屋顶上做窝，因为屋顶采用琉璃瓦来搭建，琉璃瓦表面光滑，加上屋脊陡峭的设计，鸟儿很难在房顶上站稳脚跟，更别说做窝了。

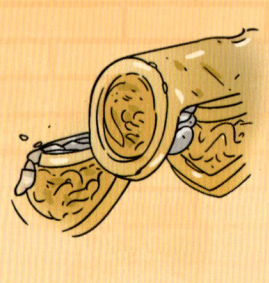

故宫布局有何讲究

北京故宫里有 980 座建筑、8707 个房间。所有楼阁殿宇的规划是非常有讲究的，都遵循了"阴阳五行"中金、木、水、火、土的属性来建造，例如"木"在东边，预示着生长，所以太子、皇子都住在东边的南三所，希望他们能长大成材。

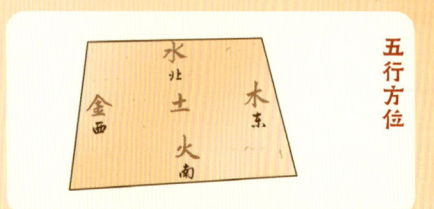

五行方位

坤宁宫　乾清宫　交泰殿

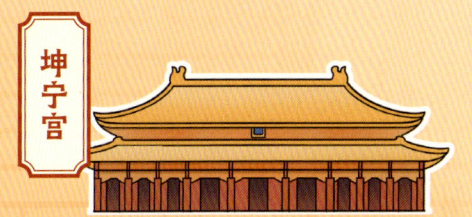

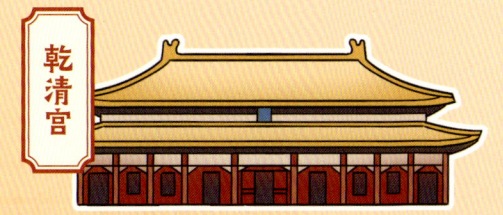

内廷是皇帝和皇后居住的地方，由乾清宫、交泰殿、坤宁宫组成，它们统称"后三宫"。雍正帝以后，皇帝从乾清宫搬去了养心殿，皇后也不再住坤宁宫，坤宁宫就变成了萨满教祭祀的专用场所，同治皇帝、光绪皇帝和溥仪皇帝都在坤宁宫举行过大婚。

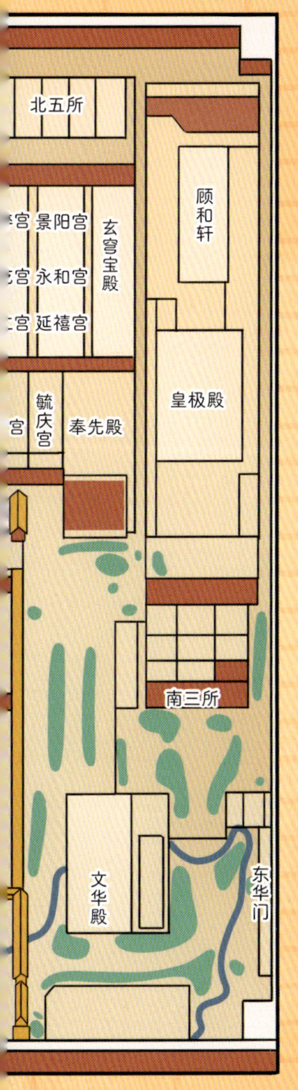

内廷后方是皇帝和妃子们游玩赏花、放松心情的花园，明朝时称为"后三苑"，清朝时称为"御花园"。

御花园　南三所

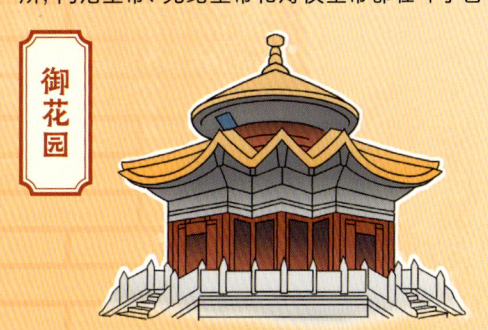

皇子居住的区域

北京故宫自带"三防"功能

鎏金铜大缸 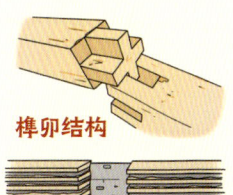　**榫卯结构** 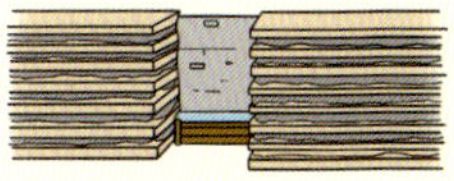　**故宫地基**　**石别拉**　**牛角喇叭**

防火
历史上故宫曾发生过5次大火。为了及时灭火，故宫里安放了308个大水缸。现在我们有了先进的消防，这些大缸就变成了文物。

防震
故宫的建筑都是木质的，采用了"榫卯结构"搭建。每一根木质构件之间都有1至2毫米的缝隙，能在地震中给建筑物"减震"。此外，故宫的地基共有13层，起到了非常重要的防震作用。

防盗
在一些重要的宫门旁，会有至少一个莲花瓣形状的柱头，叫"石别拉"，是一种警报装置。当发生危险时，侍卫会把牛角插进孔里吹响，柱头便会发出响亮的呜呜声。

北京故宫的珍贵藏品

掐丝珐琅宝相花大冰箱

沈阳故宫有一个"掐丝珐琅宝相花大冰箱"，形状有点像我们今天的"冰柜"。盛夏时把冰块放入这个大箱里，冷气通过气孔散发出来使室内降温，也可以用来冰镇食物。

元宝式火锅（清朝） 　**老北京铜炉火锅**（现今）

康熙皇帝和乾隆皇帝很爱请大臣们吃饭，有时一请就是上千人，称为"千叟宴"。来吃饭的臣子大多都是老人，为了让他们吃上热饭菜，御厨用铜制和银制的"暖锅"加上炭火来涮肉。我们现在吃的铜炉火锅就是由此而来。

金瓯永固杯 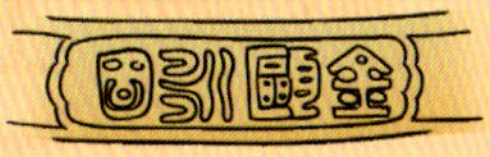　**篆书"金瓯永固"**

北京故宫珍藏的文物超过186万件，乾隆皇帝专用的"金瓯永固杯"也收藏在这里。金瓯永固杯是用黄金、宝石和珍珠打造而成的酒杯。每逢大年三十，乾隆会在杯里倒满祭祀用的屠苏酒，然后开始一年一次的"开笔仪式"，祈求来年国泰民安。

沈阳故宫

沈阳故宫位于沈阳市，又称"盛京皇宫"，始建于努尔哈赤时期的1625年，建成于皇太极时期的1636年。清朝迁都北京后，被称作"陪都宫殿"、"留都宫殿"，后来就称之为沈阳故宫。现在开放成为了"沈阳故宫博物院"。

入选时间：1987 年 ｜ 文化遗产 (i)(iii)(iv)(vi)

秦始皇陵及兵马俑

如果不是1974年被发现，这座考古遗址中的成千上万件陶俑将依旧沉睡于地下。第一位统一中国的皇帝秦始皇，死于公元前210年，葬于陵墓的中心，在他周围围绕着那些著名的陶俑。结构复杂的秦始皇陵是仿照咸阳城的格局而建造的。陶俑形态各异，连同他们的战马、战车和武器，成为完美杰作，具有极高的历史价值。

秦始皇

嬴政，中国的第一位皇帝，灭六国统一中国，自号"始皇帝"。建立中央集权和法制、统一度量衡、修建长城抵御外敌，但因其专制残暴地奴役百姓又使秦朝迅速走向衰亡。

秦始皇陵平面图

秦始皇陵是中国第一位皇帝秦始皇的陵墓，位于中国陕西骊山，用于放置棺椁和陪葬器物（目前尚未发掘）。已发掘的秦始皇兵马俑，位于秦始皇陵的外围，有成卫陵寝的含义。

为什么现在的兵马俑都看不到颜色？

在发掘过程中，陶俑刚出土时还保留着颜色，但是出土后被迅速氧化褪色，变成现在的样子。

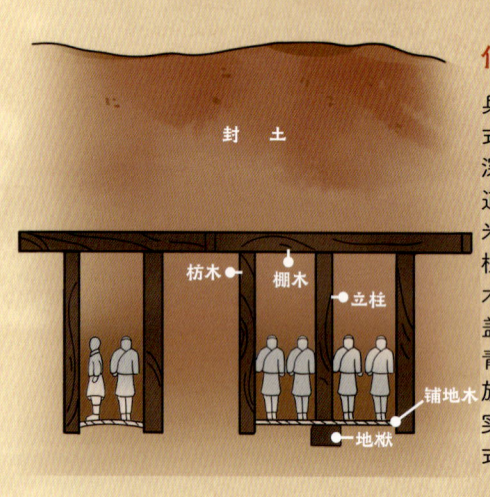

一号坑

以步兵为主，已挖掘多件武士俑，还有战车、马匹。

俑坑的建筑结构

兵马俑坑是地下坑道式土木结构建筑，坑深约5米，坑内筑起多道土隔墙，间隔约3米。两墙之间排列木柱，柱上搭盖棚木，棚木上铺一层苇席，再覆盖黄土。俑坑的底部用青砖墁铺。陶俑、陶马放进俑坑后，用夯土填实门道，形成一座封闭式的地下建筑。

封土 / 枋木 / 棚木 / 立柱 / 铺地木 / 地狱

武士俑

普通士兵，军队主体，俑坑出土数量最多的兵种。按着装分为两类。战袍武士灵活机动分布于阵表；铠甲武士分布于阵中。

骑兵俑

头戴圆帽，身穿紧袖，双襟没入胸前，下穿紧口长裤，脚蹬短靴，身披铠甲背心，一手牵马，一手持弓。

马俑

大小和真马相仿，双耳前耸；头较小、脖颈短、头部宽阔，属于河曲马种。

跪射俑

跪射的弓弩手与立射俑一起组成弩兵军阵。位于阵心，身穿铠甲，双手做握弓状，头顶左侧绾一发髻。脚蹬方口齐头翘尖履，鞋底针脚清晰。

发现和挖掘

1. 大墓周边区域自古有"瓦人"出土。
2. 有人把它看成"瓦神爷"供奉。
3. 青铜箭头被当作铜破烂回收，秦砖被用来盖房子。
4. 1974年，临潼的村民在寻找水源的时候挖出了几个瓦人。
5. 消息传开后，考古学家进驻秦俑坑，这就是今天的兵马俑一号坑。

兵马俑的制作过程

1. 制作俑胎
2. 细部雕琢
3. 入窑烧制
4. 组装身体
5. 彩绘上色

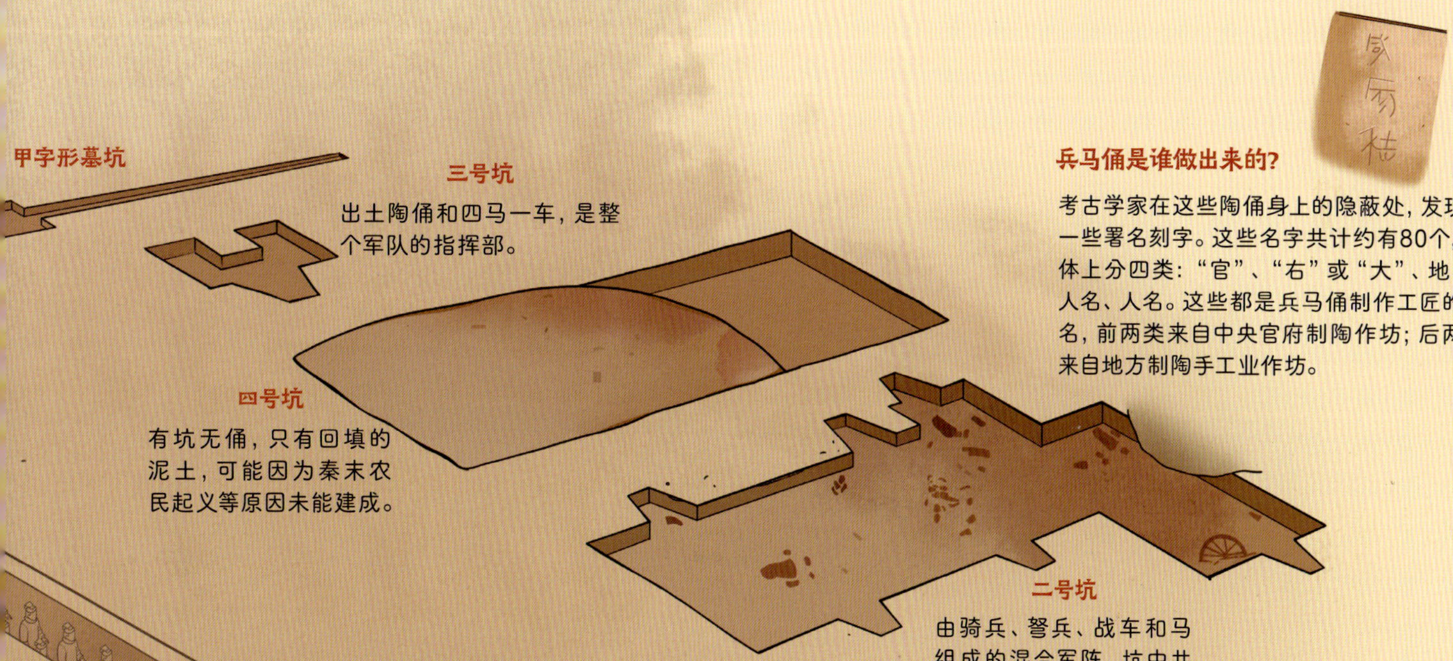

甲字形墓坑

三号坑
出土陶俑和四马一车，是整个军队的指挥部。

四号坑
有坑无俑，只有回填的泥土，可能因为秦末农民起义等原因未能建成。

二号坑
由骑兵、弩兵、战车和马组成的混合军阵，坑中共挖掘多件兵马俑、战车和兵器。

兵马俑是谁做出来的？

考古学家在这些陶俑身上的隐蔽处，发现了一些署名刻字。这些名字共计约有80个，大体上分四类："官"、"右"或"大"、地名+人名、人名。这些都是兵马俑制作工匠的署名，前两类来自中央官府制陶作坊；后两类来自地方制陶手工业作坊。

立射俑
站立的弓弩手，位于阵表，轻装战袍，束发绾髻，腰系革带，脚蹬方口翘尖履。

驭手
驾驶战车者

车士
车士一手持兵器，一手扶车。

军吏俑

中级　下级　高级

中级、下级：头戴双版长冠或单版长冠。下级军吏在兵阵中，以口令指挥阵势。
高级：又称将军俑，头戴鹖冠，胸口有花结装饰，衬托其等级、身份和威严。

13

入选时间：1987 年　｜　复合遗产 (i)(ii)(iii)(iv)(v)(vi)(vii)

泰山

近两千年来，庄严神圣的泰山一直是帝王朝拜的对象。山中的人文杰作与自然景观完美和谐地融合在一起。泰山一直是中国艺术家和学者的精神源泉，是古代中国文明和信仰的象征。

中国古代先后来泰山封禅的六位帝王

秦始皇 嬴政　汉武帝 刘彻　汉光武帝 刘秀
唐高宗 李治　唐玄宗 李隆基　宋真宗 赵恒

封禅

在泰山封禅祭祀是中国历史上极其隆重的旷世大典。自古相传，凡是改朝换代后国泰民安的帝王，天神必将赐予吉祥"符瑞"，他便有资格到泰山答谢受命于天之恩，从而形成泰山大典的历代传统。封禅是指中国古代帝王在太平盛世时祭祀天地的大型典礼。封禅二字中，封是祭天，禅是祭地。

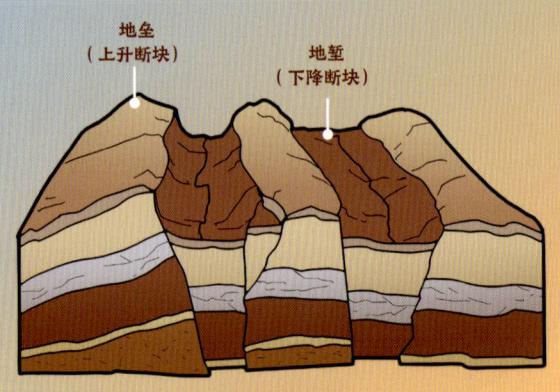

泰山的形成

地垒（上升断块）　地堑（下降断块）

泰山形成于太古代，受到来自西南和东北两面的挤压，褶皱隆起；经深度变质而形成中国最古老的地层——泰山群。

桃花峪

幽静的桃花峪水丰草美，花繁树茂。峪中满山草药，遍地是宝。同时桃花峪也是泰山赤鳞鱼的繁衍盛地。赤鳞鱼是国家二级保护动物，是泰山特有的小型野生鱼类。

赤鳞鱼

岱庙

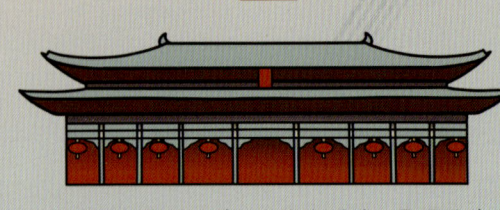

岱庙主祀东岳大帝，也称东岳庙，是历代帝王举行封禅大典和祭拜泰山神的地方。
岱庙的主体建筑是天贶殿，与北京故宫太和殿、曲阜孔庙大成殿并称中国三大殿。

北京故宫太和殿 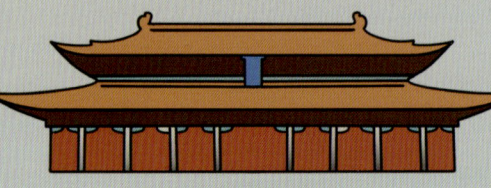　　曲阜孔庙大成殿

泰山四大奇观

泰山日出

云海玉盘

晚霞夕照

黄河金带

泰山特有植物

泰山谷精草
小型谷精草。叶线形，丛生，长2~3厘米，顶端钝尖。

泰山花楸
泰山花楸是落叶乔木，目前野生泰山花楸全国仅剩1株，已被列入山东珍稀濒危植物，堪称"国宝"。

泰山盐肤木
泰山盐肤木，果实带有咸味儿，也被叫做"盐巴树"。秋天叶变红，为泰山秋季红叶树种之一。

泰山韭
泰山韭，石蒜科草本植物。具斜生的根状茎。

泰山北斗

泰山北斗是一句成语，比喻德高望重、卓有成就的人，出自《新唐书·韩愈传赞》。泰山顾名思义，北斗是指天上的北斗星。

五岳之首：泰山的传说

很久以前，大地还是一片混沌，巨人盘古在里面沉睡。

有一天他醒来，抡起大斧将混沌劈开，分为天和地。

天和地分开后，盘古倒下了。他的身体变成了大地，头部变成了泰山。

头颅——东岳泰山（五岳之首）

左臂——南岳衡山

身体——中岳嵩山

右臂——北岳恒山

足部——西岳华山

15

入选时间：1987 年 | 文化遗产 (i)(ii)(iii)(iv)(v)(vi)

莫高窟

莫高窟地处丝绸之路的一个战略要点。它不仅是东西方贸易的中转站，同时也是宗教、文化和知识的交汇处。莫高窟的 492 个小石窟和洞穴庙宇，以其雕像和壁画闻名于世，展示了延续千年的佛教艺术。

石窟结构示意图

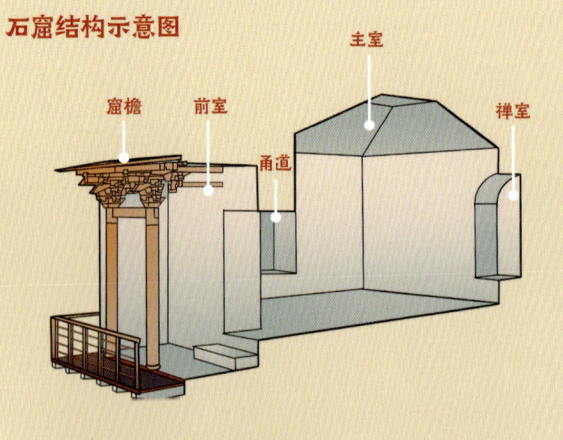

窟檐　前室　主室　甬道　禅室

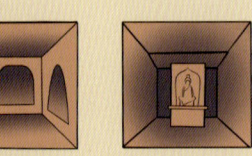

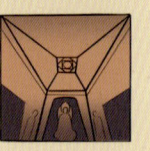

发展历程

开凿（前秦）
一位僧人路经此山，忽见金光，于是在岩壁上开凿了第一个洞窟。

命名（十六国）
法良禅师建洞，并将此处命名为"漠高窟"，意为"沙漠高处"。

发展（北朝至隋唐）
丝绸之路的繁荣，加上王公贵族支持，莫高窟兴盛发展。

顶峰（回鹘时期）
发展至顶峰，今天看到的完整画像、雕刻基本出自该时期。

衰落（北宋至西夏）
逐渐走向衰落，仅以重修为主，新建洞窟极少。

发现（清康熙四十年后）
清康熙年间，重新被发现，再次为世人所瞩目。

莫高窟石窟的主要种类

禅窟　四壁三龛窟　中心塔柱窟

覆斗顶形窟　大像窟　涅槃窟

石胎泥塑大佛

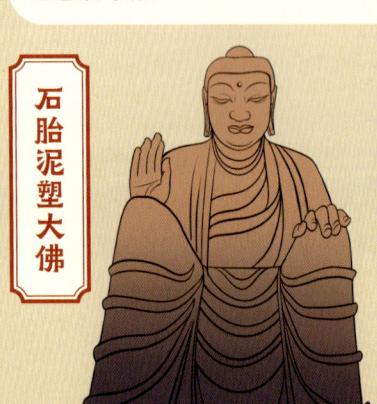

制作过程
①崖壁凿出轮廓。
②用草泥垒塑，麻泥细塑。
③最后用色料着色。

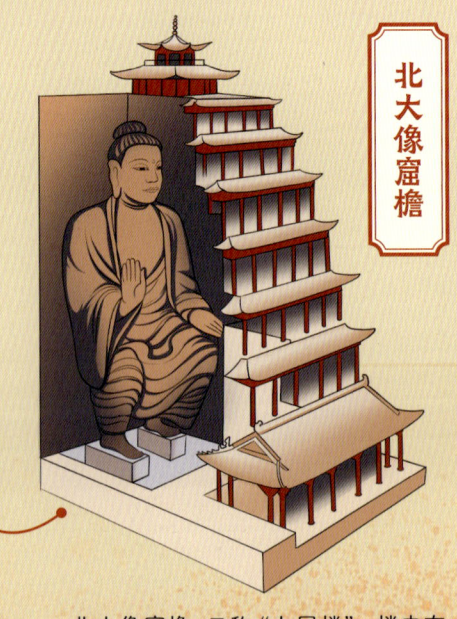

建造历史：
- 公元700年：4层
- 公元870年：5层
- 民国时期：9层

北大像窟檐

北大像窟檐，又称"九层楼"，楼内有弥勒坐佛巨像，采用石胎泥塑彩绘，高35.6米，是现存世界"最大佛窟"。

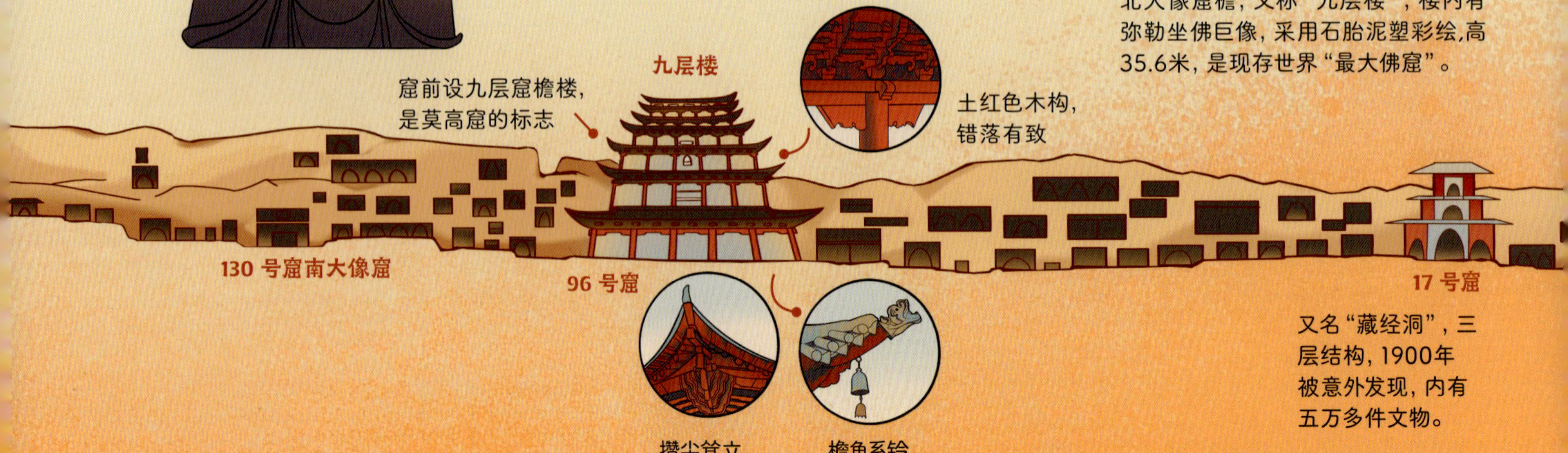

窟前设九层窟檐楼，是莫高窟的标志

九层楼

土红色木构，错落有致

130 号窟南大像窟

96 号窟

攒尖耸立，檐角高啄

檐角系铃，铁马叮当

17 号窟
又名"藏经洞"，三层结构，1900年被意外发现，内有五万多件文物。

南区长约1千米，洞窟487个，都有壁画和塑像。

中国四大石窟

- 龙门石窟
- 莫高窟
- 麦积山石窟
- 云冈石窟

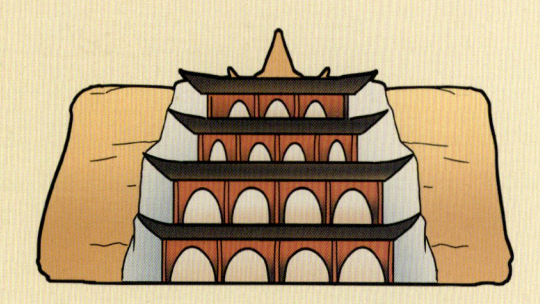

藏经洞的发现

1900年，道士王圆箓在打扫时无意发现一个方形窟室，内有历代珍贵经书和文物50000多件，这就是著名的17号窟，又称"藏经洞"。

关于藏经洞的来历：
① 避难说：为躲避战乱而封闭。
② 废弃说：当时管理者认为文书没有价值而被废弃。

藏经洞的盗窃者们

藏经洞被发现后不久，消息传到了国外，一些臭名昭著的盗宝者闻讯赶来，通过各种手段盗走藏经洞内大批珍贵文物。

- **伯希和（法国）**：500两银子买走大量文物
- **凡尔纳（美国）**：粘揭盗走26块壁画 
- **吉川小一郎（日本）**：掠走600余件 
- **奥登堡（苏俄）**：组团掠夺、测绘 
- **斯坦因（英国）**：分两次掠走文书1万多件 

敦煌文书流失海外共计30000余件，国内剩余约18000件。

敦煌艺术特色（壁画、彩塑）

壁画有7种内容题材，共45000平方米面积。

- 中国神话
- 史迹画
- 佛经故事
- 图案画
- 供养画
- 经变画
- 佛像画

彩塑：石窟中有2415尊彩塑。多为木骨泥塑，精巧逼真。当地岩质不适合石雕，所以莫高窟的塑像全是泥塑。

- 南区
- 北区：北区长680米，洞窟248个，主要用于禅修和住所，大多没有壁画。
- 268—275号窟：北凉时期，现存最早洞窟。
- 285号窟周围：多达四层157座窟，为最密集区。

入选时间：1987 年 ｜ 文化遗产 (iii)(vi)

周口店北京人遗址

科学家在周口店遗址发现了生活在更新世中期的中国猿人"北京人"，同时还发现了各种各样的生活物品，以及 18000 至 11000 年前古人类的活动痕迹。周口店"北京人"遗址，不仅是远古时期亚洲大陆人类社会的一个罕见的历史证据，也为人类的起源和进化提供了大量有力的证据。

周口店遗址（龙骨山）

周口店"北京人"遗址位于北京市房山区周口店村的龙骨山，是 50 万年以前北京猿人生活的地方。科学家已经在这里发现了 40 多个北京猿人化石、100 多种动物化石和 10 万多件石器。遗址的科考工作至今仍在进行中。

北京猿人

我们的祖先"北京猿人"属于从古猿进化到智人之间的"直立人"，他们生活 50 万年前的旧石器时代，能用双腿直立行走，会用石头制作工具，还会用野火来烤食物和取暖。

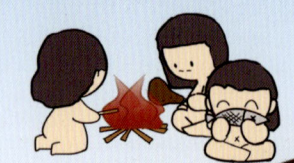

猿人生活场景　猿人用石器　猿人用火

人类进化历程

人类的进化是从南方古猿、能人、直立人、智人到现代人的过程。

猿人洞

龙骨山有许多大小不一的天然洞穴，其中有一个长约 140 米的天然洞穴，俗称"猿人洞"，它是北京猿人居住的家。

北京猿人的发现

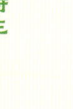

安特生

原始人的牙齿

1918年,瑞典博士安特生前往北京西南的一处地方考察,当地人称之为"鸡骨山",当时只发现了一些啮齿类的化石。1921年,安特生回到周口店,在老乡指引的地方,他们有了更多的发现。1926年夏天,安特生在整理标本时,发现了一颗明确的人牙,从此拉开了周口店遗址发现、发掘的序幕,这场对古人类的探索一直持续到今天。

裴文中

第一块猿人头盖骨

1929年,中国古生物学家裴文中发现了第一块北京猿人的头盖骨化石。到目前为止,已出土的头盖骨有6件,牙齿157颗,以及十几件体骨,这些化石来自40多个不同年龄的北京猿人。

山顶洞人

1930年,考古学家在周口店的一个山顶洞穴里又发现了3个头盖骨。这些骨头是来自2万年前生活在这里的原始人,他们被取名为"山顶洞人"。

山顶洞人生活场景

山顶洞人的项链

骨针

山顶洞

山顶洞人已经具备了早期现代人的体质,而且比北京猿人更聪明,懂得如何生火、捕鱼,会用动物的骨头制作骨针,来缝纫兽皮,制作衣服,还会把小石子、贝壳串联起来做成"项链"。

入选时间：1990 年 | 复合遗产 (ii) (vii) (x)

黄山

　　黄山原名"黟山"，后因传说黄帝曾在此修炼成仙，唐朝天宝年间由唐玄宗改名为"黄山"。黄山被誉为"震旦国中第一奇山"。在中国历史上的鼎盛时期，通过文学和艺术的形式受到广泛的赞誉。今天，黄山以其壮丽的景色——生长在花岗岩石上的奇松和浮现在云海中的怪石而著称，对于游客、诗人、画家而言，具有永恒的魅力。

莲花峰
黄山最高峰，主峰突出小峰簇拥，因形似莲花而得名。

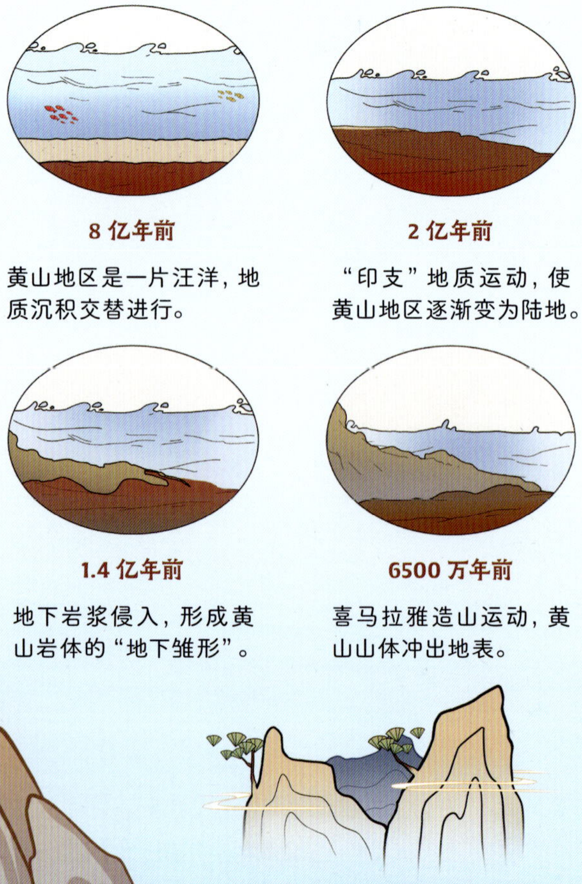

云海的成因

①山高谷深+大量降水=黄山云海
②大量湿气环流不被蒸发，形成低空层积云，即"云海"。

气象学中将云分为三种，黄山云海中的层积云，便属于低云

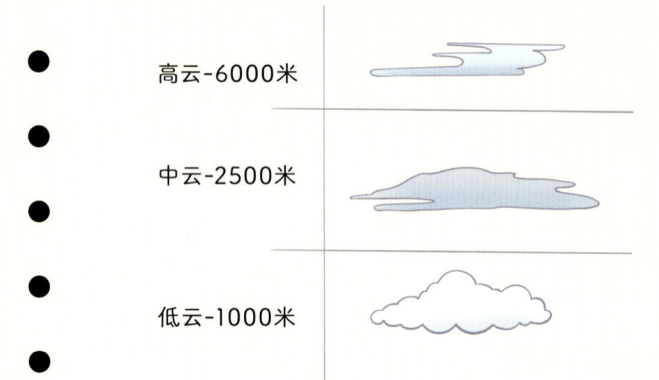

高云-6000米

中云-2500米

低云-1000米

黄山云海按形成位置又分为五海，五海之间有峡谷相通

天海 — 东海 — 南海 — 西海 — 北海

黄山地理形成

8 亿年前
黄山地区是一片汪洋，地质沉积交替进行。

2 亿年前
"印支"地质运动，使黄山地区逐渐变为陆地。

1.4 亿年前
地下岩浆侵入，形成黄山岩体的"地下雏形"。

6500 万年前
喜马拉雅造山运动，黄山山体冲出地表。

250 万年前
经过山体抬升和冰川作用，形成如今的峰林景观。

光明顶
峰顶平坦开阔，日照长，云海日出尽收眼底，所以称"光明顶"。

黄山云海
云海是黄山第一奇观。群山之间，云雾缭绕，犹如仙境。

黄山怪石

黄山上怪石众多，以奇取胜，已被命名的有120多处。形态千奇百怪，形象栩栩如生。

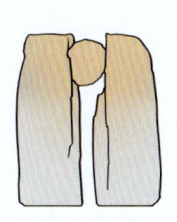

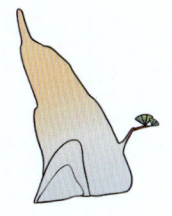

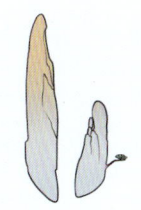

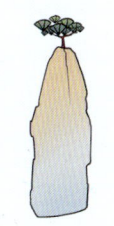

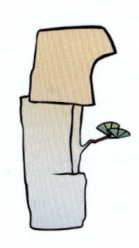

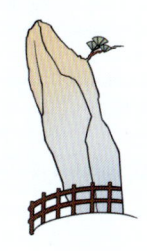

| 猴子观海 | 一线天 | 仙人指路 | 童子拜观音 | 老僧采药 | 梦笔生花 | 神仙晒靴 | 飞来石 | 定海神针 |

黄山十大名松

"黄山之美始于松"

黄山有10000多棵树龄百年以上的古松。黄山松是独有的树种，每棵都有自己的姿态，生命力顽强。

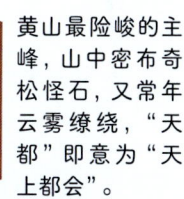

迎客松　望客松　盼客松　陪客松　送客松

望泉松　蒲团松　贴壁松　倒挂松

探海松

天都峰

黄山最险峻的主峰，山中密布奇松怪石，又常年云雾缭绕，"天都"即意为"天上都会"。

黄山——中国山水画的摇篮

黄山有古建筑100多处，石刻300多处，流传诗篇20000多首。还孕育了黄山画派，被尊为"中国山水画的摇篮"。

黄山画派三巨子

[黄山之灵] 石涛
[黄山之影] 梅清
[黄山之质] 弘仁

黄宾虹——自称"黄山山中人"，一生九上黄山，山水画一代宗师。

刘海粟——十上黄山，采用独特新技法泼墨画，创作大量黄山题材画。

黄山名句

徐霞客："五岳归来不看山，黄山归来不看岳。"

贾岛："气殊擘祝融井，日烂扶桑池。脉有灵砂涨，气殊擘石厉。"

李白："黄山四千仞，三十二莲峰。丹崖夹石柱，菡萏金芙蓉。"

龚自珍："秀吞阛风，高建构角。"

入选时间：1992 年 ｜ 自然遗产 (vii)

黄龙风景名胜区

黄龙风景名胜区位于四川省阿坝藏族羌族自治州，距离九寨沟约 100 千米，平均海拔在 3000 米以上，景色主要集中在黄龙沟和牟尼沟。

黄龙以其优美的山区风景而闻名，有着较为原始的、多样化的森林生态系统，以及壮观的喀斯特地貌，例如钙华池、瀑布和钙华滩流。这里的梯田和湖泊在整个亚洲是独一无二的，更是世界三大杰出范例之一。

美景的秘密：钙华

黄龙景区内的水含有大量的碳酸钙，碳酸钙沉淀后便形成一种叫"钙华"的矿物质。钙华是造就这些独一无二的美景的主要因素。

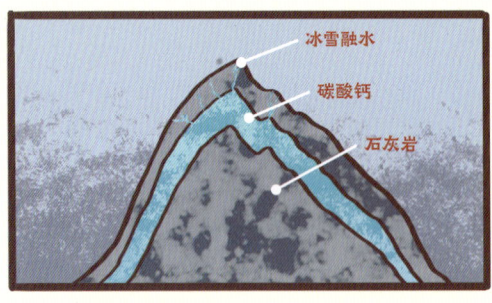

冰雪融水
碳酸钙
石灰岩

① 雪山融水渗入岩层，溶解了大量的碳酸钙。

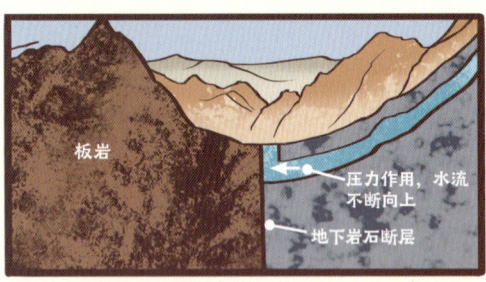

板岩
压力作用，水流不断向上
地下岩石断层

② 富含碳酸钙的水流向黄龙沟的地下断层之间。

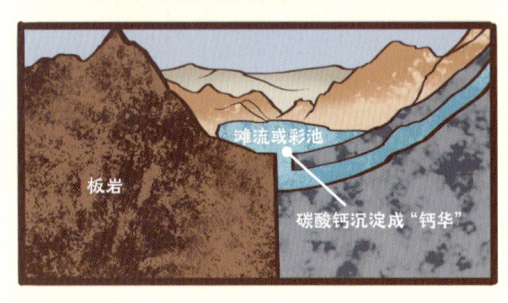

板岩
滩流或彩池
碳酸钙沉淀成"钙华"

③ 在压力作用下，水沿着断层向上涌出，形成了滩流、彩池和瀑布，碳酸钙也沉淀在其中，变成了白色、黄色、褐色的钙华。

黄龙真人传说

几千年前，岷山村庄和农田被洪水淹没，一位叫大禹的英雄带领人们去治理洪水。大禹在治水时遇到了困难，他的父亲"黄龙真人"变成一条黄色巨龙，飞去帮助大禹治水。洪水退去，当地百姓终于可以安居乐业，黄龙真人从此隐居在森林里，以黄色巨龙的样子继续守护着这片山林和百姓。

扎嘎大瀑布

在牟尼沟景区里，分布着一个高 104 米的台阶式瀑布，叫"扎嘎大瀑布"。它是中国最大的钙华瀑布，也是世界上落差最大的钙华瀑布。

龙的身体：黄龙沟

在四川盆地和青藏高原的交接处，有一块长达 3.6 千米，宽度 30 米到 70 米不等的区域，叫黄龙沟。从高处俯视，它就像一条金色的龙在白雪皑皑的雪山脚下歇息，人们视之为"黄龙的身体"。

龙的眼睛：五彩池

黄龙沟有3400多个彩池，当中最大的是五彩池，由693个如碧玉般的小池子相连而成。这些小池子呈梯田状分布，在阳光的折射下变幻出白、紫、蓝、绿等不同的颜色，像仙境般梦幻艳丽。五彩池位于黄龙沟的最高点，因此当地人称它为"黄龙的眼睛"。

五彩池

金沙铺地

龙的鳞甲：金沙铺地

黄龙沟上有一段长1300米，宽40米至122米的滩流，流淌着一层薄薄的、金黄色的水浪。这段滩流被称为"金沙铺地"，就像是"龙的鳞甲"。它是目前世界上发现的同类地质构造中最好、最大、最长的钙华滩流。

入选时间：1992 年 ｜ 自然遗产 (vii)

九寨沟风景名胜区

九寨沟位于四川省北部，连绵超过 72000 公顷。山谷海拔 4800 多米，形成了一系列多种森林生态系统。一系列狭长的圆锥状喀斯特地貌和壮观的瀑布使景色更显壮丽。同时，九寨沟是高山岩溶水文研究的"天然博物馆"。

名字的由来

景区内有9个藏族村寨（树正寨、则查洼寨、黑角寨、荷叶寨、盘亚寨、亚拉寨、尖盘寨、热西寨、郭都寨），而主景区有三条沟谷，九寨沟因而得名。

1 九寨沟镇
2 羊峒
3 宝镜岩
4 树正沟
5 盆景滩
6 火花海
7 树正群海
8 树正瀑布
9 犀牛海
10 诺日朗瀑布
11 镜海
12 珍珠滩
13 五花海
14 熊猫海瀑布
15 日则沟
16 天鹅海
17 剑岩
18 扎如沟
19 则查洼沟
20 五彩池
21 长海
22 尕尔纳山
23 扎依扎嘎山
24 达戈山
25 色嫫山
26 甘孜公盖山
27 白河

树正瀑布

由于地壳运动，山体不均匀地隆起，经冰川和流水的侵蚀作用，最终形成了角峰突起的喀斯特地貌。

地貌的形成

这里最初是一片汪洋大海，地质属"三叠纪"地层（远古时期的地质结构，上为红色岩层，中为石灰岩，下为砂页岩）。

倒"丫"地形

九寨沟的三条主沟谷呈倒"丫"状分布。西侧是日则沟，东侧是则查洼沟，两沟相交汇并向北延伸形成了树正沟。

不适合鱼生活的水王国

松潘裸鲤鱼　高山裸鲤鱼

这里湖泊虽多，除了集中在熊猫海、镜海和火花海的高山裸鲤鱼和松潘裸鲤鱼外，却很少能看到其他鱼类。原因是湖水以冰川融水为主，水温低且矿物质含量非常高，不太适合鱼类生活。

天然的调色盘

九寨沟共有 108 个湖泊，多数为堰塞湖，也有少数是冰蚀湖，当地人称它们为"海子"。其中"五花海"和"五彩池"更因其变幻莫测的水色被誉为"天然的调色盘"。

五彩池

位于则查洼沟的五彩池是九寨沟里最小的湖泊。它与五花海一样清澈多彩，被视为"九寨沟之眼"。它通过地下河与海拔最高的长海相连。泉水从地下断层流入五花海内，五花海因此常年处于"恒温"状态，从不结冰。

位于日则沟的五花海是九寨沟里最五彩斑斓的湖泊，水质清澈，可一眼见底。湖水呈现不同的颜色：碧绿、天蓝、深蓝；到了秋天，在周边草本植物的映照下，能呈现橘红色。

五花海

解开九寨沟的色彩之谜

五彩池的岩石层

由于剧烈的地壳运动，湖中的岩石层形成大量裂隙，增强了岩石的透水性。同时高原边缘的地形反差有利于岩溶水的循环运动，使湖水清澈透亮。

钙华

"钙华"是喀斯特地区地下水中的钙离子溢出地表，经过阳光照射所形成的一种化学物质。灰白色的钙华对透射光起到吸收和反射作用，改变了湖水的色彩。

叶绿素

湖里生长着水绵、轮藻等黄绿色的藻类植物，它们的叶绿素含量都各不相同，经阳光折射，湖面能呈出不同的色彩。

水中生长的树

九寨沟曾经历长达12年的大规模采伐，一些利用价值较低的树冠被丢弃在水里。钙华能"防腐"，在树木表面形成一层钙化层，使得树木在水中生长，造就了水中树的独特景观。

入选时间：1992 年 | 自然遗产 (vii)

武陵源风景名胜区

武陵源风景名胜区位于湖南省张家界，石峰林立，高低不一，海拔 300 米以上的石峰就有 3103 座，呈现了最原生态的大自然之美。景观主要集中在张家界国家森林公园、索溪峪、天子山和杨家界。

武陵源景色奇丽壮观，在峰峦之间，沟壑、峡谷、溪流、池塘和瀑布随处可见。除了迷人的自然景观，该地区还因庇护着大量濒临灭绝的动植物物种而引人注目。

石柱的悬浮幻象

在张家界景区，常常能看见一种奇特的气象奇观——云雾，它让这里的石峰看起来像悬浮在半空中。云烟缭绕，仿佛仙境。

成因

① 岩石间和地面的雨水蒸发后变成水蒸气。
② 水蒸气上升，遇冷后凝结，形成无数颗小水滴，也就是云雾。

小水滴（云雾）
↑
冷却凝结
↑
水蒸气
↑
蒸发
↑
水

武陵源地质形成

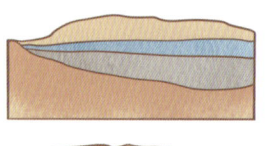

① 3.5 亿年前，这里是一片大海，海里的石英砂反复沉淀，形成了 300 至 500 米厚的石英砂岩地层。

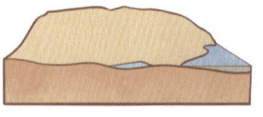

② 到了 7000 万年前，燕山运动使石英砂岩地层露出水面，并隆起成山。

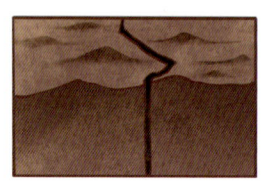

③ 岩层离开水后逐渐从上而下地崩裂，形成了网格状的裂痕。

④ 由于石英砂含量不均匀，含量较低的地方容易被风化，这些满带裂缝的岩层在 3000 万年前被"磨"成了石柱，也就是我们现在看到的峰林。

黄龙洞

武陵源属于石英砂岩峰林地貌（又称张家界地貌），但是在索溪峪的黄龙洞却属于喀斯特地貌，有着世界罕见的溶洞奇观。黄龙洞全长 7 千米，洞里不仅有地下暗河，还遍布各种奇形怪状的钟乳石，如石柱、石笋、石琴、石花等，加上缤纷绚丽的灯光，像极了一个"地下魔宫"。

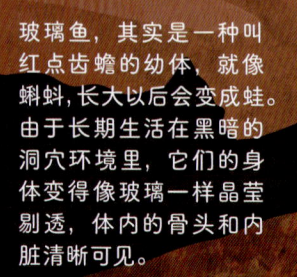

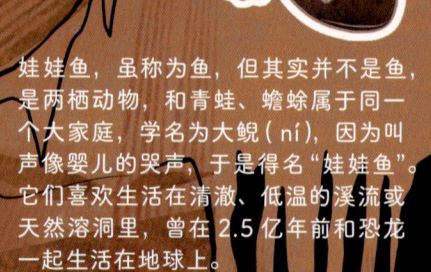

娃娃鱼

娃娃鱼，虽称为鱼，但其实并不是鱼，是两栖动物，和青蛙、蟾蜍属于同一个大家庭，学名为大鲵（ní），因为叫声像婴儿的哭声，于是得名"娃娃鱼"。它们喜欢生活在清澈、低温的溪流或天然溶洞里，曾在 2.5 亿年前和恐龙一起生活在地球上。

红点齿蟾

玻璃鱼

玻璃鱼，其实是一种叫红点齿蟾的幼体，就像蝌蚪，长大以后会变成蛙。由于长期生活在黑暗的洞穴环境里，它们的身体变得像玻璃一样晶莹剔透，体内的骨头和内脏清晰可见。

石英砂岩

武陵源的地质最主要由石英砂岩构成。石英砂岩是砂岩的一种，石头中的石英和硅质岩屑含量超过95%，颜色通常是白色的，但是经过风化作用后会变成灰白色、褐黄色或黄白色。

定海神针

龙宫是黄龙洞里最大的洞厅，能同时容纳1万人，里面有一根"定海神针"，是黄龙洞内最高的石笋。它高达20米，两端粗，中间细，最细处只有10厘米，堪称"镇洞之宝"。传说这根石笋就是《西游记》中齐天大圣向东海龙王借用的那根"定海神针"。

响水河

响水河是黄龙洞三条地下暗河之一，全长2820米，已开发800米，平均水深6米，盛产娃娃鱼和玻璃鱼。

入选时间：1994 年、2000 年、2001 年　|　文化遗产 (i)(iv)(vi)

拉萨布达拉宫历史建筑群

布达拉宫是达赖喇嘛的冬宫，坐落在拉萨河谷中心海拔 3700 米的红色山峰之上，由白宫和红宫及其附属建筑组成。

大昭寺建造于公元 7 世纪，是一组极具特色的佛教建筑群。建造于公元 18 世纪的罗布林卡，曾经作为达赖喇嘛的夏宫，也是西藏艺术的杰作。

这三处遗址的建筑精美绝伦，设计新颖独特，加上丰富多样的装饰以及与自然美景的和谐统一，更增添了其在历史和宗教上的重要价值。

曼陀罗布局即根据曼陀罗花的形态进行布局，一般是圆形或正方形，对称，有中心点。红宫采用的就是曼陀罗布局。

曼陀罗布局

上札厦　西圆堡　拼布寺　红宫　下札厦　西庭院

布达拉宫的馆藏

布达拉宫内收藏了大量文物珍宝，还有历代达赖喇嘛的灵塔。这些灵塔由塔顶、塔瓶和塔座组成。塔顶一般十三阶，顶端镶以日月和火焰轮。外间设佛龛，供千手千眼观音像，内间一床一桌，床上安放达赖尸棺。

五世达赖的灵塔高达 14.85 米，共用 104 万两白银、11 万两黄金和多颗宝石建成。

桃形玛瑙杯（17 世纪）

十三世达赖喇嘛灵塔还供奉一座用 20 万颗珍珠编成的法物"曼扎"。

八瓣莲花大威德金刚像（14 世纪）

布达拉宫内有历代达赖喇嘛的灵塔。灵塔由塔顶、塔瓶和塔座组成。

贝叶经（9 世纪）

布达拉宫历史建筑群的另外两座建筑

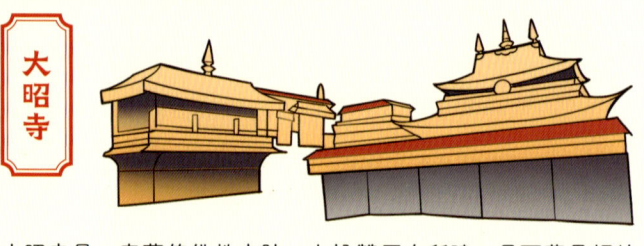

大昭寺

大昭寺是一座藏传佛教寺院，由松赞干布所建，是西藏最辉煌的吐蕃时期建筑，也是现存最古老的土木结构建筑。

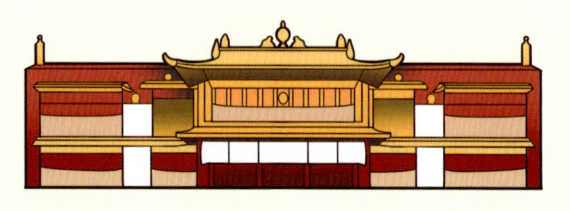

罗布林卡

罗布林卡始建于 18 世纪 40 年代，历代达赖喇嘛夏季理政的地方，是一座典型的藏式风格园林。

建造历史

最早的布达拉宫本为吐蕃王松赞干布为迎娶文成公主而建，但已在王朝结束时毁于战火。1645 年，布达拉宫重建，并逐渐扩建形成今天的规模。

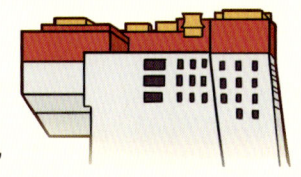

1648 年 白宫建成

1693 年 红宫落成

此后相继扩建完整

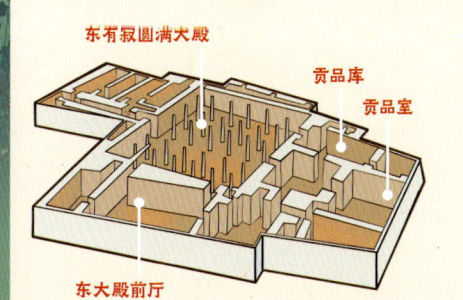

藏王 松赞干布

松赞干布是西藏历史上最知名的藏王。他统一青藏高原，建立吐蕃王朝，迁都拉萨并建造布达拉宫，与唐王朝联姻迎娶文成公主，对西藏的发展起了很大的促进作用。

标注：白宫、东庭园、僧官学校、虎穴圆道、玉阶窖、东大堡

白宫

标注：东有寂圆满大殿、贡品库、贡品室、东大殿前厅

白宫是达赖喇嘛生活、起居的场所，共七层。最顶层是达赖喇嘛的寝宫"日光殿"。第六层和第五层为生活和办公用房。第四层有白宫最大的殿宇东大殿，用于举办重大活动。一至三层供僧人打坐之用。

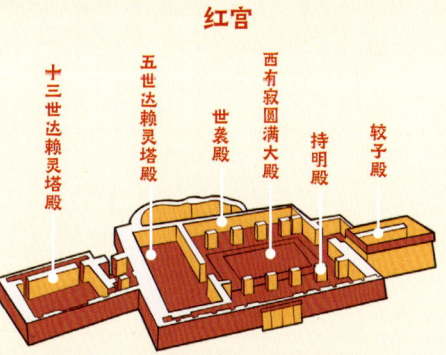

红宫

标注：十三世达赖灵塔殿、五世达赖灵塔殿、世袭殿、西有寂圆满大殿、持明殿、较子殿

红宫位于布达拉宫的中央位置，外墙为红色。采用曼陀罗布局，围绕着历代达赖的灵塔殿建造了许多经堂、佛殿。

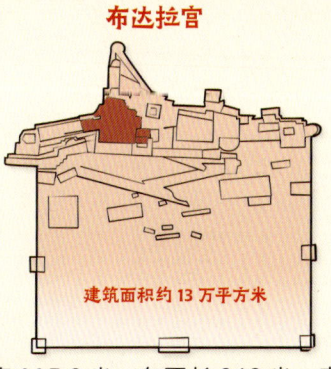

布达拉宫

建筑面积约 13 万平方米

主楼高 117.2 米，东西长 360 米，南北宽 140 米。从外观看有十三层，实际只有九层。建筑面积约 13 万平方米。

入选时间：1994 年　　文化遗产 (ii)(iv)

承德避暑山庄及其周围寺庙

承德避暑山庄，又称"热河行宫"，坐落在河北省承德市内。包括周边多个寺庙建筑，山庄的修建从公元 1703 年开始，直到 1792 年才完成。清朝皇帝几乎每年都会到这里躲避炎热的夏天和处理政务，因此它在当时相当于皇帝的第二个皇宫。

建筑风格各异的庙宇和皇家园林与周围的湖泊、牧场、森林巧妙地融为一体。避暑山庄不仅具有极高的美学研究价值，还保留着中国封建社会发展末期罕见的历史遗迹。

山庄七十二景

山庄主要分为"宫殿区"和"苑景区"两部分。宫殿区由正宫、松鹤斋、万壑松风、东宫组成。苑景区分为山区、湖区和平原区，其中山区最大，占总面积的 70%。

康熙皇帝以四个字命名的景点有 36 处，他的孙子乾隆皇帝又以三个字命名了 36 处景点，所以避暑山庄有整整 72 景。

正宫

澹泊敬诚殿是正宫的主殿。它相当于故宫的太和殿，是皇帝处理政务、举行盛大典礼的地方。

松鹤斋

松鹤斋是皇太后居住的寝宫。对古代人来说，鹤是一种吉祥动物，松树代表坚强和长寿。以松、鹤来命名，寓意吉祥、长寿。

外八庙

山庄外围有 12 座风格迥异的寺庙。这些寺庙是当时清政府为了团结蒙古、新疆、西藏等地区的少数民族而建造的，风格华丽，气势宏伟。其中的 8 座由清政府直接管理，因此通称"外八庙"。

小布达拉宫 普陀宗乘之庙

外八庙中规模最大的是普陀宗乘之庙，它是仿西藏布达拉宫而修建的，也叫"小布达拉宫"。

乾隆三十六景之 烟雨楼

康熙三十六景之 芝径云堤

五塔门

在"小布达拉宫"里有一道纯白色的大门，门上有三层砖红色的藏式盲窗，门顶上有 5 个"喇嘛塔"，因此名为"五塔门"。

五塔门上的喇嘛塔

喇嘛塔从左数起有红、绿、黄、白、黑五种颜色，每种颜色代表一种教派。在藏传佛教里，高僧被称为"喇嘛"，有慈悲、至高无上的意思。元朝开始，喇嘛塔从西藏传入全国各地，成为了一种重要的佛塔形式。

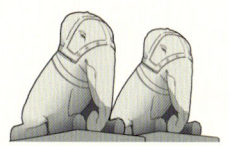

石象

五塔门前有一对大石象，它们都以"五体投地"的姿势跪拜着。佛教有"小乘佛教"和"大乘佛教"之分，而"大象"是大乘佛教的标志。

盲窗

盲窗是藏式佛教中最典型的设计，一般为梯形，带黑框。有的是真窗户，能通风透光，有的是假窗户，无法打开。

"寺"和"庙"的区别

我们常说寺庙，但其实"寺"和"庙"是有区别的。佛教传入中国后，"寺"成为了僧侣讲佛和生活的场所，专门供奉佛祖或观世音菩萨，后来变成了皇帝的行政机构，有些重要的寺甚至能拥有部分国家职权。"庙"是古代祭祀的地方，供奉的是天地鬼神、土地公公、历代名人等，与道教有密切的联系。

安远庙

普乐寺

普宁寺

普宁寺是一座典型的、将两种传统佛教建筑风格（汉式佛教和藏式佛教）融为一体的寺庙。据说，它是乾隆皇帝为了庆祝自己的 60 大寿和他母亲的 80 大寿而建造的。

千手观音——世界最大的木雕佛像

在普宁寺的大乘之阁里，有一座堪称世界第一的"千手观音像"。它高 27.21 米，重达 110 吨，是目前世界上最大的木雕佛像，已经被列入吉尼斯世界纪录。

入选时间：1994 年 ｜ 文化遗产 (i)(iv)(vi)

曲阜孔庙、孔林和孔府

孔子是世界上最伟大的哲学家、政治家和教育家之一，其庙宇、墓地和府邸位于山东省的曲阜。公元前 478 年，孔子的弟子为纪念孔子而修建了孔庙。千百年来屡毁屡建，到今天已经发展成超过 100 座殿堂的建筑群。孔林里不仅容纳了孔子的坟墓，而且他的后裔中，有超过 10 万人也葬在这里。当初小小的孔宅如今已经扩建成一个庞大显赫的府邸，整个宅院包括了 152 座殿堂。曲阜的古建筑群之所以具有独特的艺术和历史特色，应归功于 2000 多年来中国历代帝王对孔子的大力推崇。

孔庙修建历史

- 孔子逝世第二年，孔子的弟子将其故居立庙祭祀。
- 汉高祖十二年（前195年），刘邦自淮南还京，祭祀孔子，开皇帝亲祭孔子之先。
- 唐乾封元年（666年），唐高宗"改制神宇"，对孔庙进行史上第一次的大规模改建。
- 北宋朝廷崇儒重道，宋太祖立国之初即下诏增修庙宇。进一步扩大了孔庙旧制。
- 元明两代，孔庙重修数十次，清代对孔庙的修建也达14次。
- 千百年来，孔庙经历多次修缮，终于达到今日九进庭院的宏大规模。

主要建筑

大成殿

大成殿是孔庙的主体建筑，面阔九间，进深五间，高32米，长54米，深34米，殿正中供奉着孔子的塑像，历朝历代皇帝的重大祭孔活动就在大殿里举行。

杏坛

孔庙的杏坛相传是孔子讲学之所，在大成殿前的院落正中。北宋天圣二年（1024年）在此建坛，在坛周围环植以杏，命名为杏坛，以纪念孔子杏坛讲学的历史故事。

棂星门

棂星

古代传说棂星是天上的文星，以此命名寓有国家人才辈出之意，因此古代帝王祭天时首先祭棂星，祭祀孔子规格也如同祭天。

孔庙的大门，建于清乾隆十九年（1754年），六楹四柱，柱的顶端屹立着四尊天将石像。柱下石鼓抱夹，使建筑风格稳重端庄。

奎文阁（内部解剖示意图）

奎文阁是用来藏书的一座楼阁。中国古代以奎星为二十八宿之一，主文章。阁的内部有二层阁，中间夹有暗层，结构独特，工艺奇巧。

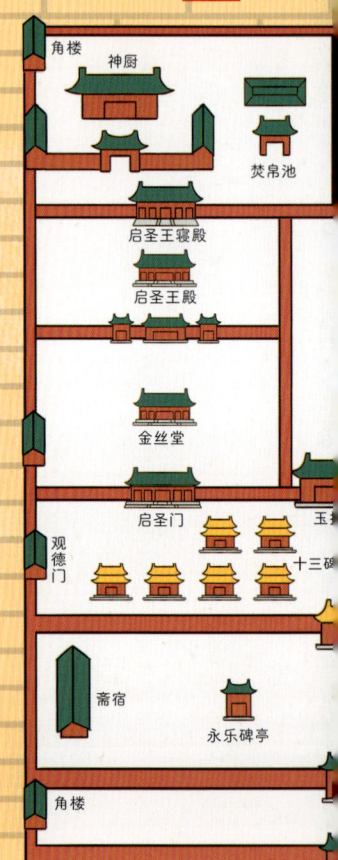

建筑布局

（角楼、神厨、焚帛池、启圣王寝殿、启圣王殿、金丝堂、启圣门、玉㪷、观德门、十三碑亭、斋宿、永乐碑亭、角楼、仰高门）

孔子

孔子（前551年—前479年），名丘，字仲尼，鲁国陬邑（今山东省曲阜）人。中国古代思想家、政治家、教育家。孔子创立儒家学说，弟子三千，去世后其弟子及再传弟子将他的言行整理成《论语》，被奉为儒家经典。

儒家文化

- **为政以德**：用道德和礼教来治理国家。
- **有教无类**：儒家思想认为，无论人性善恶，无论贵贱，都可以用道德去感化教育。
- **以礼治国**：遵守严格的等级制度，君臣、父子、贵贱、尊卑都有严格的区分。

祭孔大典

专门祭祀孔子的大型庙堂乐舞活动，由乐、歌、舞、礼组成。三献礼是最重要的议程，即初献、亚献和终献。

初献帛爵，帛是黄色的丝绸，爵指仿古的酒杯。

亚献和终献都是献香献酒，程序和初献相当。

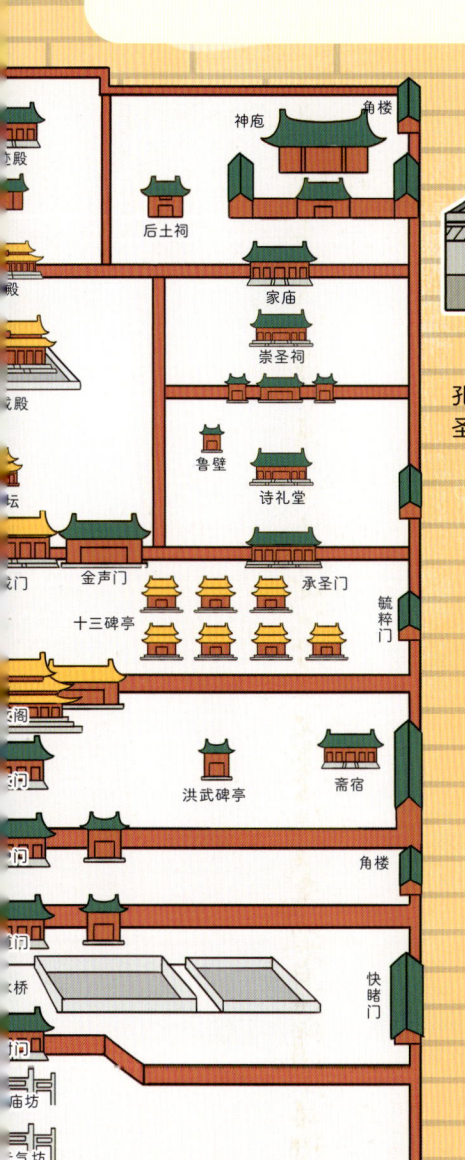

孔府

孔府又称衍圣公府，是孔子家族世袭衍圣公的后代居住的宅院。

孔林

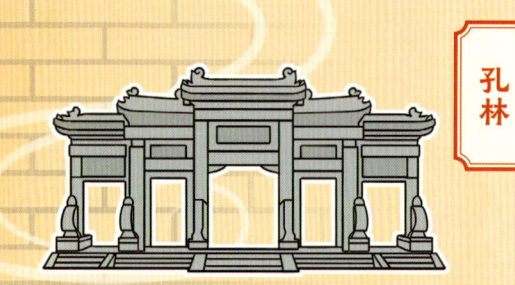

孔子及其子孙后人的家族墓地

中国四大文庙

除了曲阜孔庙外，还有南京夫子庙、北京孔庙和吉林文庙

北京孔庙

吉林文庙

南京夫子庙

入选时间：1994年 | 文化遗产（i）(ii)(vi)

武当山古建筑群

武当山古建筑群坐落在沟壑纵横、风景如画的湖北省武当山麓。整个建筑群根据真武修仙的神话设计布局，并采用皇家建筑规制，形成了"五里一庵十里宫、丹墙翠瓦望玲珑、楼台隐映金银气、林岫回环画镜中"的"仙山琼阁"的意境。这些宫殿和庙宇不仅蕴含着道教"天人合一"的思想，更集中体现了中国元、明、清三代世俗木成就，代表了近千年的中国艺术和建筑的最高水平，被誉为"中国古代建筑成就的博物馆"和"挂在悬崖峭壁上的故宫"。

武当古建筑历史

武当山上众多的道教古建筑，始建于唐朝贞观年间，鼎盛于明代。明永乐年间，"北修故宫，南建武当"。明成祖大修武当山，耗资数以百万计，军民工匠30万人，历时14年，建成33座建筑群。嘉靖年间又增修扩建。山间道观总数曾达2万余间。目前现存古建筑53处，建筑遗址9处，文物7400余件。

明成祖 朱棣

地质地貌

武当山周边高峰林立，天柱峰海拔1612米。武当山山体四周低下，中央呈块状突起，形成许多悬崖峭壁的断层崖地貌。为了表示神权和皇权的威严，道士们修炼也追求清净高远之地，所以庙观的修建多选择在悬崖峭壁上，武当山非常符合这个条件。

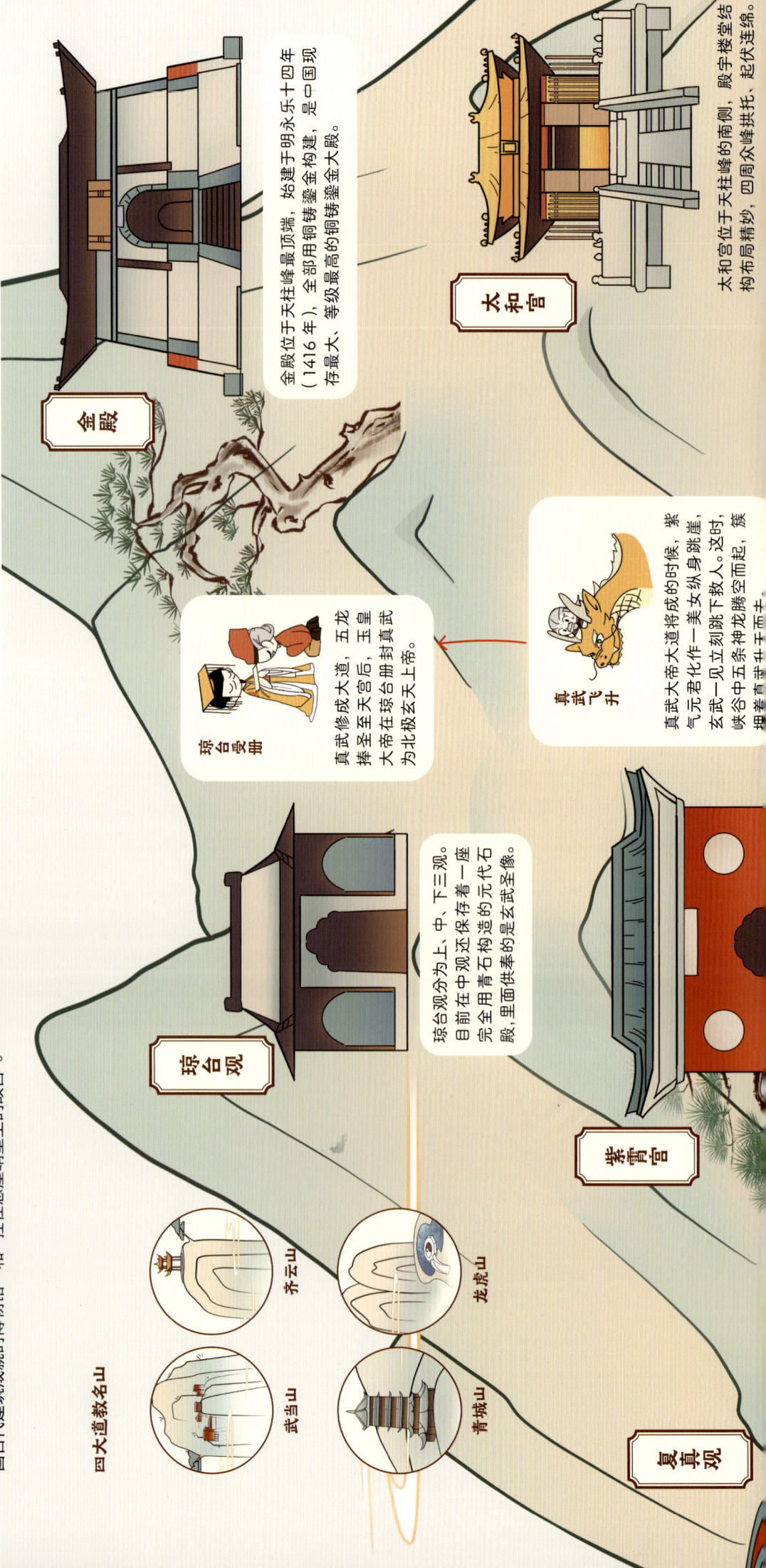

金殿

金殿位于天柱峰最顶端，始建于明永乐十四年（1416年），全部用铜铸鎏金构建，是一国现存最大、等级最高的铜铸鎏金大殿。

大和宫

大和宫位于天柱峰的南侧，殿宇楼堂结构布局精妙，四周众峰拱托，起伏连绵。

琼台受册

真武修成大道，玉龙捧圣至天宫后，玉皇大帝在琼台册封玄武为北极玄天上帝。

真武飞升

真武大帝大道将成的时候，紫气元君化作一美女纵身跳崖。玄武一见立刻五条神龙腾空而起，簇拥着真武飞升而去。

琼台观

琼台观分为上、中、下三观，目前在中观还保存着一座完全用青石构造的元代石殿，里面供奉的是玄武圣像。

紫霄宫

四大道教名山

- 齐云山
- 龙虎山
- 武当山
- 青城山

复真观

34

南岩宫

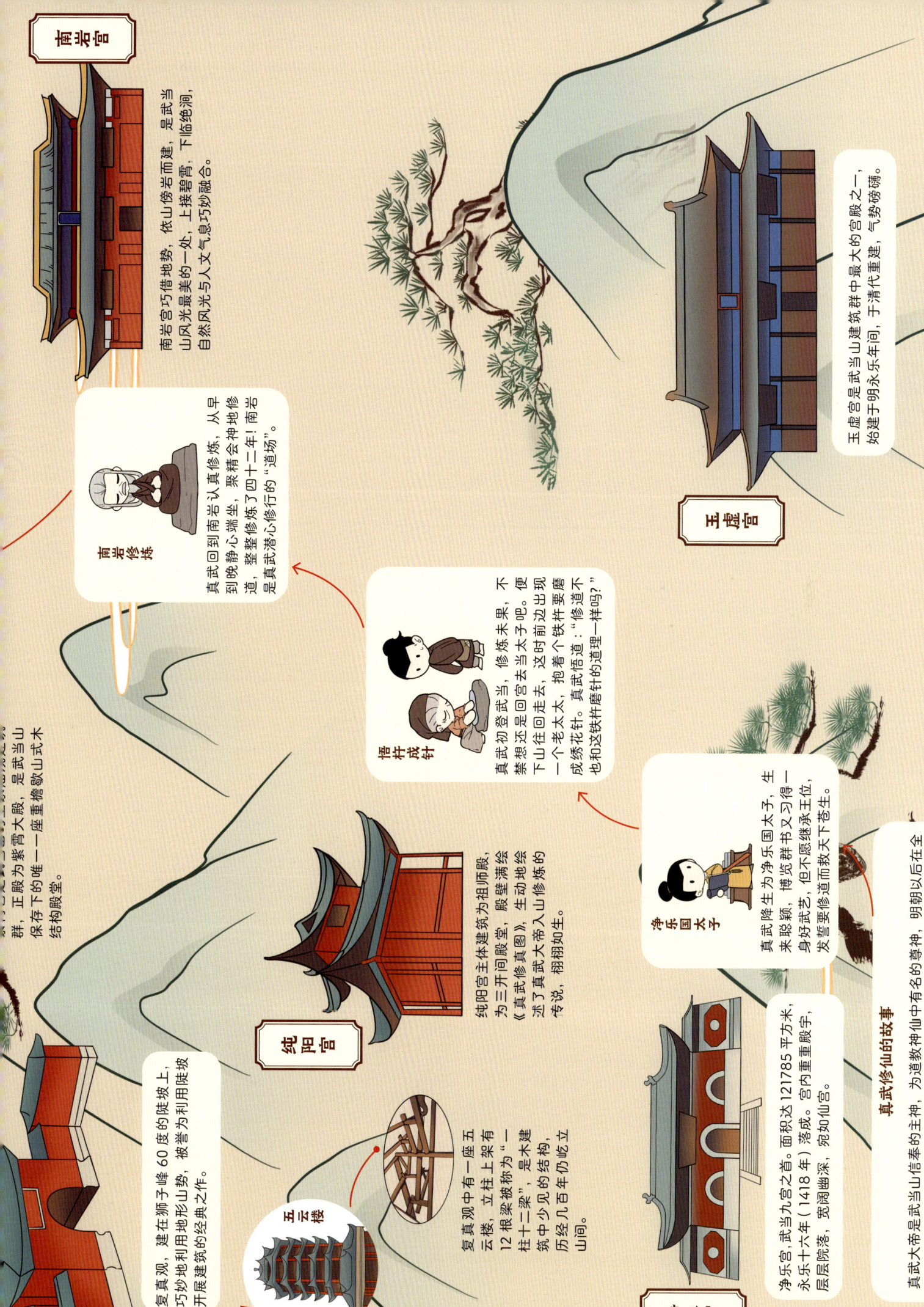

南岩宫巧借地势，依山傍岩而建，是武当山风光最美的一处，上接碧霄，下临绝涧，自然风光与人文气息巧妙融合。

南岩修炼

真武回到南岩认真修炼，从早到晚静心端坐，聚精会神地修道，整整修炼了四十二年！南岩是真武潜心修行的"道场"。

悟杵成针

真武初登武当，修炼未果，不禁想还是回宫去当太子吧。下山往前边走去，这时前边出现一个老太太，抱着个铁杵要磨成绣花针。真武悟道："修道不也和这铁杵磨针的道理一样吗？"

玉虚宫

玉虚宫是武当山建筑群中最大的宫殿之一，气势磅礴，始建于明永乐年间，于清代重建。

纯阳宫

纯阳宫主体建筑为祖师殿，为三开间殿堂，殿壁满绘《真武修真图》，生动地绘述了真武大帝入山修炼的传说，栩栩如生。

净乐国太子

真武降生为净乐国太子，生来聪颖，博览群书又习得一身好武艺，但不愿继承王位，发誓要修道而救天下苍生。

（左侧）复真观，建在狮子峰60度的陡坡上，巧妙地利用地形山势，被誉为利用陡坡开展建筑的经典之作。

五云楼

复真观中有一座五云楼，立柱上架有12根梁被称为"一柱十二梁"，是木结构建筑中少见的结构，历经几百年仍屹立山间。

（左侧）群，正殿为紫霄大殿，是武当山保存下的唯一一座檐歇山式木结构殿堂。

净乐宫

净乐宫，武当九宫之首，面积达121785平方米，永乐十六年（1418年）落成，宫内重殿宇，层层院落，宽阔幽深，宛如仙宫。

真武修仙的故事

真武大帝是武当山信奉的主神，为道教神仙中有名的尊神，明朝以后全国影响响极大。传说武当山是真武大帝的道场。

入选时间：1996 年 | 复合遗产 (iv)(vi)(x)

峨眉山—乐山大佛

公元 1 世纪，在四川省峨眉山景色秀丽的山巅上，落成了中国第一座佛教寺院。随着四周其他寺庙的建立，该地成为佛教的主要圣地之一。许多世纪以来，文化财富大量积淀，最著名的要属乐山大佛，它是 8 世纪时人们在一座山岩上雕凿出来的一尊弥勒佛像，俯瞰着三江交汇之所。佛像身高 71 米，堪称世界之最。

海通和尚

乐山大佛全名嘉州凌云寺大弥勒石像，始建于唐开元初年，最早由海通和尚主持修建。

"目可自剜，佛财难得"

佛像开建后收到大量捐资，当地的官员强行索贿，海通和尚便自挖一只眼睛上呈给官员，此后再无针对大佛的索贿行为。

弥勒佛的形象在中国的三个变化阶段

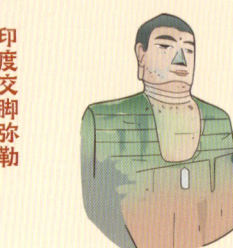

印度交脚弥勒 | 中国特色的古佛弥勒 | 当下常见的布袋弥勒

佛像的常见"发型"

磨光发 | 螺发 | 水波发 | 涡卷发

乐山大佛采用的是螺发

大佛的排水系统

乐山大佛的两耳和头颅上，有一套设计巧妙，隐而不见的排水系统。

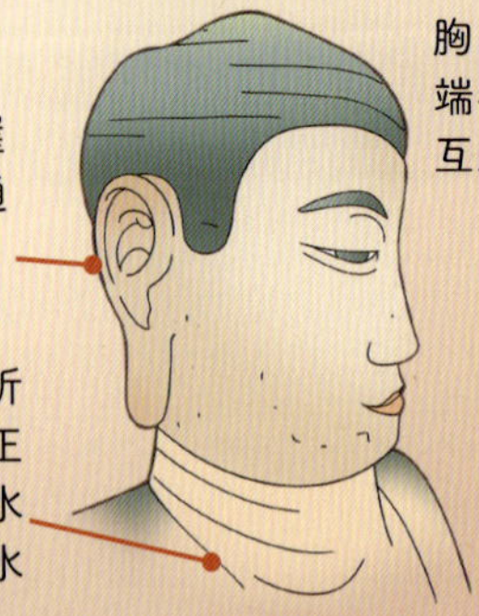

两耳背后靠山崖处，有左右相通洞穴。

胸部背侧两端各有一洞，互未凿通。

衣领和衣纹皱折也有排水沟，正胸向左侧也有水沟与右臂后侧水沟相连。

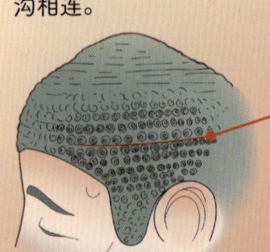

在大佛头部的 18 层螺髻中，第 4 层、9 层、18 层各有一条横向排水沟。

这些水沟和洞穴，巧妙地组成了科学的排水、隔湿和通风系统，千百年来对保护大佛，防止侵蚀性风化起到了重要的作用。

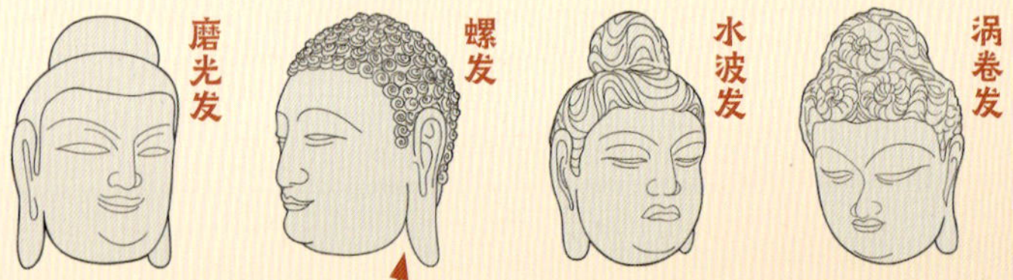

乐山大佛是"中国特色"的古佛弥勒形象，体现了唐代崇尚肥胖的审美。大佛的佛身各部分比例匀称，整体严格按照佛教《造像量度经》施工，形态端严，完全符合唐代造像风格。

乐山大佛

《造像量度经》
一部有关造佛像法度的经典

头宽：10 米
头高：14.7 米
中指长：8.3 米
脚长：11 米

36

峨眉山各大寺庙建筑

金顶 — 又称华藏寺

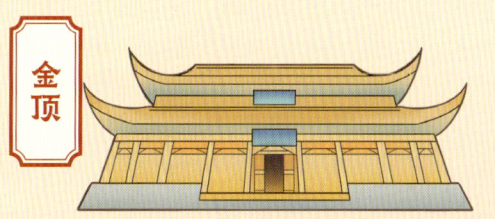

万年寺

金殿 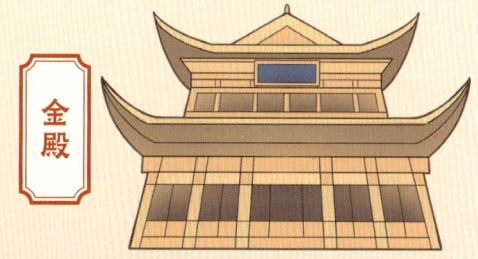 — 华藏寺的最高处有金殿一座，屋顶鎏金，是全国最大的金殿。

接引殿

金佛  — 华藏寺内有一座高48米的十方普贤圣像，是一座铜铸鎏金工艺佛像。

伏虎寺

普贤菩萨 — 中国佛教四大菩萨之一，象征理德、行德，与文殊菩萨同为如来佛的左右胁侍。

报国寺 — 峨眉山第一座佛寺。建于明万历年间，原供奉着佛、道、儒三教的代表，故为"三教会宗"。

清音阁

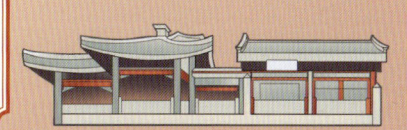

石块发髻 — 大佛顶上共有螺髻1051个，是将石块雕刻好后再逐个嵌上去的。螺髻表面抹灰两层，内层为石灰。（从外到内：装饰层、石灰层、石芯）

木质双耳 — 长达7米的佛耳，用木柱作结构，再抹以锤灰装饰。隆起的鼻梁，也是以木衬之，外饰锤灰而成。

胸部藏宝洞？ — 大佛胸部有一处封闭的洞，封门石是宋代重建天宁阁的纪事残碑，洞里面装着废铁、破旧铅皮、砖头等。这其实是用于存放建筑物料的藏脏洞。

总高：71米

金顶圣灯 — 夜晚从金顶向山谷望去，偶尔会见到星光点点，僧人称为"圣灯"。它的形成是因为山间的磷石粉挥发在空气中自燃所致。

猴区 — 峨眉山多处分布有生态猴区，灵性而又野蛮的猴子是峨眉山一大特色。

入选时间：1996 年 ｜ 文化遗产 (ii)(iii)(iv)(vi)

庐山国家公园

江西庐山是中华文明的发祥地之一。这里的佛教和道教庙观，以及儒学的里程碑建筑，完全融汇在美不胜收的自然景观之中，赋予无数艺术家以灵感，开创了中国文化对于自然的审美方式。

李四光：20世纪30年代以前，西方学者并不承认庐山为第四纪冰川造就。1931年，中国地质学家李四光经过十年地质考察，提出山中存在的大量冰川遗迹，确定中国第四纪冰川的诞生地在庐山。

名字由来

"庐山"之名的记载最早来自司马迁的《史记》："余南登庐山，观禹疏九江。"

地形地质

庐山拥有明显的第四纪冰川的地貌特征，迄今已发现一百多处冰川遗迹，完整记录了第四纪冰川运动的全过程，2004年被评为首批"世界地质公园"。

什么是冰期？

冰期是指地球表面覆盖有大规模冰川的地质时期，又称为冰川时期。目前已被确认的大冰期有以下几次：

新太古代大冰期约24亿年前到21亿年前

前寒武纪大冰期约8.5亿年前到6.3亿年前

早古生代大冰期约4.6亿年前到4.3亿年前

晚古生代大冰期约3.6亿年前到2.6亿年前

晚新生代大冰期又称第四大冰期，约258万年前延续至今

五老峰：五老峰为庐山主峰，地处庐山东南侧，海拔1436米，因山的绝顶被垭口所断，分成并列的五个山峰，仰望俨若席地而坐的五位老翁，故人们便把这原出一山的五个山峰统称为"五老峰"。

● **虎溪三笑**

东林寺有一段美好传说。相传慧远大师在庐山修行从不过虎溪之界。一日，诗人陶渊明、道士陆修静来访，临别时慧远送他们下山相谈甚欢，越过了虎溪才惊觉，旋即会心大笑。原来他们已破除不过虎溪的执念，笑声传递了他们的欣喜之情，也成了千古佳话。

慧远：公元4世纪，高僧慧远在东林寺首创净土宗。

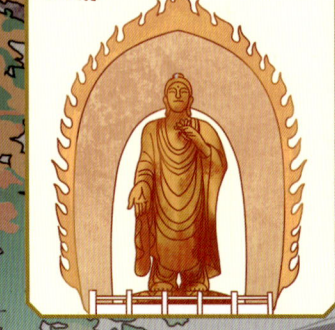

东林寺：庐山最具影响力的佛教场所就是东林寺，该寺于公元386年由江州刺史桓伊和高僧慧远联手兴建。

大佛：高48米的东林寺阿弥陀佛大铜像，是目前最高的阿弥陀佛铜像。

古老树种

大血藤
木通科大血藤属植物，根和茎可供药用，通经活络。

鹅掌楸
鹅掌楸，木兰科鹅掌楸属，又名马褂木，为中国的珍稀树种。

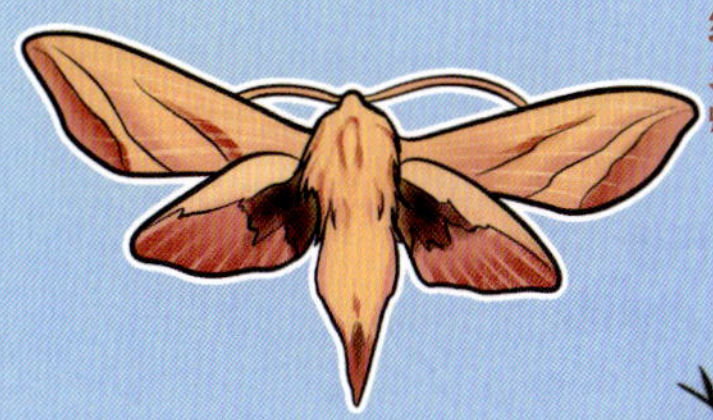

檫木
樟科，檫木属落叶乔木，可作为家具木材。

特有昆虫

宽尾凤蝶

红天蛾

锦绣谷
锦绣谷这块山间凹地，在第四纪冰川的作用下，经过冰川反复刻切，形成了一个平底陡壁的山谷。谷内四季色彩缤纷，故名"锦绣"。

三叠泉
三叠泉由大月山、五老峰的涧水汇合，经过五老峰背，注入大盘石上，又飞泻到二级大盘石，再喷洒至三级盘石，形成三叠。

与庐山结缘的历史名人

陆修静
道教禅师，在庐山建简寂观，奠定了"道藏"基础，并创立道教灵宝派。

朱熹
南宋时期，哲学家朱熹以白鹿洞书院为中心，开创讲学式教育。

司马迁
汉代史学家，第一个将"庐山"二字写入史册的人。

陶渊明
"采菊东篱下，悠然见南山"是他描写庐山的千古名句。

李白
唐朝诗人，名句"飞流直下三千尺，疑是银河落九天"赋诗庐山香炉峰景色。

周敦颐
北宋理学家，于庐山莲花洞建书院，写有"出淤泥而不染，濯清涟而不妖"等名句。

苏轼
北宋文豪，题诗"不识庐山真面目，只缘身在此山中"。

入选时间：1997 年 | 文化遗产 (ii)(iii)(iv)

平遥古城

平遥古城位于山西省晋中市，是现今保存完整的汉民族城市的杰出范例。其城镇布局集中反映了五个多世纪以来，中国的建筑风格和城市规划的发展。特别值得一提的是，这里与银行业有关的建筑格外雄伟，因为 19 至 20 世纪初期平遥是整个中国金融业的中心。

双林寺

双林寺内彩塑总共有 2056 尊，堪称"彩塑博物馆"。

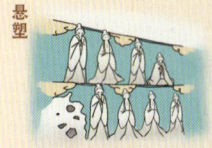

悬塑：双林寺的雕塑以悬塑为主。悬塑改变了泥塑坐立的传统方式，直接从墙上雕镂出塑像，立体感强。

罗汉殿：罗汉殿的十八罗汉像与真人身高相近，形象近于写实的佛门高僧，或肥硕，或消瘦，或开怀畅谈，或双目凝视……神态各异。

韦驮像：韦驮像被认为是明代彩塑中的杰作。充满张力的身躯；高度传神的眼珠和表情，塑造出勇猛又谨慎的韦驮形象，性格鲜活。

千佛殿：殿内彩塑达五百余尊，主像为自在观音。这座自在观音像高跷右腿，露臂赤足，完全不同于一般佛寺塑像。

平遥古城的民俗文化

划旱船　高跷　抬阁　龙灯　地秧歌

谯楼：谯楼就是城门顶楼。平遥共有六座谯楼，战时主将坐镇指挥，是重要的高空防御设施。

角楼：建于城墙角上，弥补城墙拐角处的视觉盲区，增强整座城墙的防御能力。

马面："马面"是城墙中向外突出的墩台，因其形状像马脸而得名。马面在城池守卫战中能消除弓弩射击的死角。

县衙：古代升堂断案之地，坐落于平遥古城内，是中国现有保存完整的四大古衙之一。

- **大仙楼**：供奉着狐仙，清代官衙奉狐仙为守印大仙。
- **大堂**：知县"升堂"审理案件的地方。
- **二堂**：知县处理日常公务的地方。
- **监狱**：关押犯人的地方。

垛口：瞭望敌情、射击敌人的掩护。平遥城墙上共有 3000 个垛口。

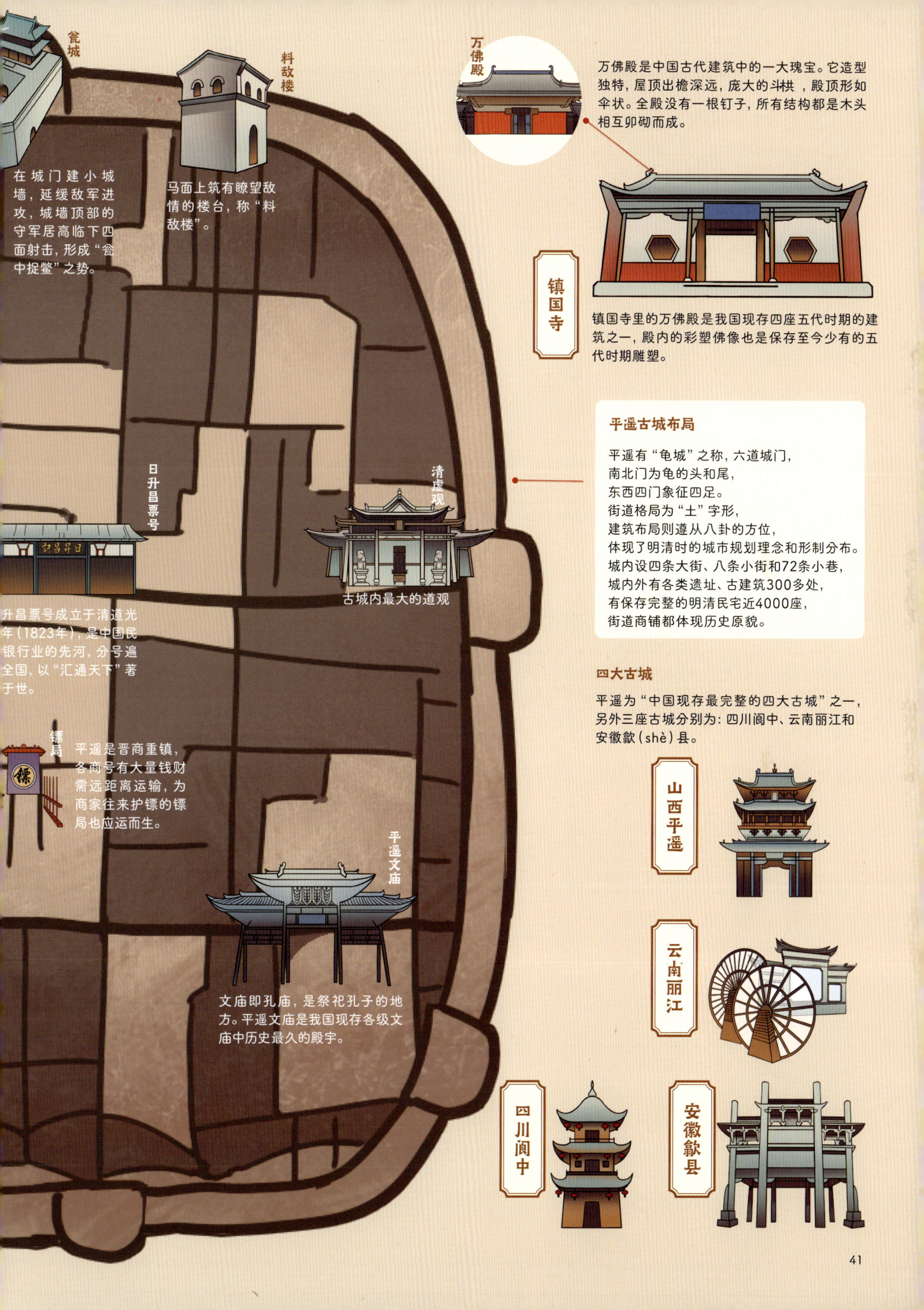

瓮城
在城门建小城墙，延缓敌军进攻，城墙顶部的守军居高临下四面射击，形成"瓮中捉鳖"之势。

料敌楼
马面上筑有瞭望敌情的楼台，称"料敌楼"。

万佛殿
万佛殿是中国古代建筑中的一大瑰宝。它造型独特，屋顶出檐深远，庞大的斗拱，殿顶形如伞状。全殿没有一根钉子，所有结构都是木头相互卯砌而成。

镇国寺
镇国寺里的万佛殿是我国现存四座五代时期的建筑之一，殿内的彩塑佛像也是保存至今少有的五代时期雕塑。

平遥古城布局
平遥有"龟城"之称，六道城门，南北门为龟的头和尾，东西四门象征四足。街道格局为"土"字形，建筑布局则遵从八卦的方位，体现了明清时的城市规划理念和形制分布。城内设四条大街、八条小街和72条小巷，城内外有各类遗址、古建筑300多处，有保存完整的明清民宅近4000座，街道商铺都体现历史原貌。

四大古城
平遥为"中国现存最完整的四大古城"之一，另外三座古城分别为：四川阆中、云南丽江和安徽歙（shè）县。

日升昌票号
升昌票号成立于清道光年（1823年），是中国民银行业的先河，分号遍全国，以"汇通天下"著于世。

清虚观
古城内最大的道观

镖局
平遥是晋商重镇，各商号有大量钱财需远距离运输，为商家往来护镖的镖局也应运而生。

平遥文庙
文庙即孔庙，是祭祀孔子的地方。平遥文庙是我国现存各级文庙中历史最久的殿宇。

山西平遥

云南丽江

四川阆中

安徽歙县

入选时间：1997 年 | 文化遗产 (ii)(iv)(v)

丽江古城

古城丽江，把经济和战略重地与崎岖的地势巧妙地融合在一起，真实、完美地保存和再现了古朴的风貌。古城的建筑历经数个世纪的洗礼，融汇了多个民族的文化特色而声名远扬。丽江还拥有古老的供水系统，这一系统纵横交错、精巧独特，至今仍在有效地发挥着作用。

古城历史
始建于宋末元初，丽江木氏先祖至狮子山开始营造城池房屋。

阿琮阿良
13世纪中期，土司阿琮阿良归降蒙古，改称丽江路通安州。

木得
明洪武十五年，归顺明朝，朱元璋皇帝赐姓"木"并封木氏为世袭知府。

木钟
清雍正元年，清王朝解除了木氏土司的统治权，对丽江委派官任知府。

丽江古城重要的古建筑

木府
木府是古代丽江土司木氏的府第，是一座辉煌的建筑艺术之苑。

雪山书院
雪山书院是改土归流后，丽江首任知府创建，是清末纳西族接受汉文化教育的重要场所。

改土归流
废除世袭土司制度，中央政府委派地方官员直接统治。

万古楼
- 万古楼位于狮子山山顶，为全木结构望景楼。
- 楼高33米，16根通天木柱，柱高22米。
- 万龙之盛：楼中有万个龙形象的雕刻，寓意丽江是龙的传人的美丽家园。

大石桥
在丽江古城内有桥梁三百座以上，形式多样。其中大石桥为古城众桥之首，由明代木氏土司所建，因从桥下河水中可看到玉龙雪山倒影，又名映雪桥。

普贤寺
普贤寺是古城保存最完整的一座佛教寺庙，寺内供奉普贤菩萨。

普济寺
普济寺始建于1771年，正殿初用土瓦覆盖，后由掌寺大喇嘛集资，改覆铜瓦后闻名天下。

五花石路面

丽江古城的路面是以五花石铺就的,因为茶马古道马帮频繁过往,五花石是对抗马蹄践踏的最好材料。

建筑布局

三山为屏、一川相连
三河穿城、家家流水

三眼井

丽江三眼井是依照地势高差修建成的三级水潭,并对它们的功能与用途进行区分,形成民俗。第一潭为泉水源头,为饮用之水;第二潭水质洁净,为洗菜之用;第三潭为洗衣用。

北方的三眼井

北方的三眼井是设置三个井口,以区分水源。而丽江三眼井是使用同一个源头,通过地势高差来区分水源,可重复利用节约水量。

丽江又称"高原水乡",流水穿街过巷,拥有丰富的水资源。

丽江古城民居的几种形式

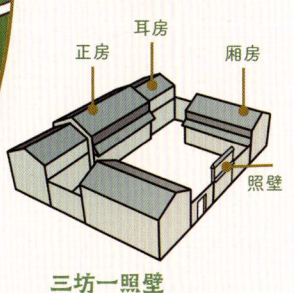

三坊一照壁（正房、耳房、厢房、照壁）
为了适应云南的气候而发展出来的常见民居结构,照壁可以有效抵御大风和强日照。

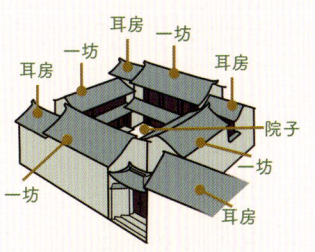

四合五天井（耳房、一坊、院子）
三坊一照壁的升级版,把照壁改成了一坊,可容纳更多人居住。

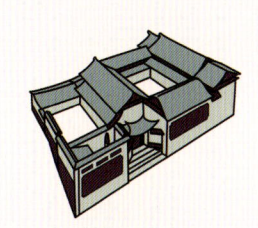

一进两院
由一组"三坊一照壁"和"四合五天井"横向或纵向拼接形成。

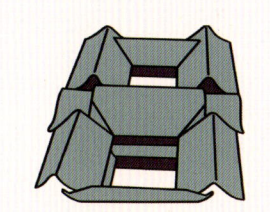

前后院
与一进两院类似,区别在于它是两进两院(正房沿着中轴线分为两进)。

丽江民俗文化

东巴文
东巴文是纳西族所使用的象形文字。由于这种文字由东巴(智者)所掌握,故称东巴文。

白沙细乐
白沙细乐在纳西语中又叫别时谢礼,为歌、舞、乐相结合而成的丧葬套曲,被誉为活的音乐化石。

素祖
"素祖"是纳西族的传统结婚仪式。纳西人认为每个人都有自己的生命神——素神。举行仪式时,将新娘的素神迎进新郎家庭的素篓里,结合为新的集合体。

占卜
占卜是纳西东巴文化的重要组成,至今还传承有天书占卜、羊骨卜、鸡骨卜、海贝徙等数十种占卜。

火把节
火把节,纳西语称"创美生恩",是纳西族传统节庆。每逢火把节,纳西族人白天斗牛摔跤,晚上点燃火把,进行各种娱乐活动。

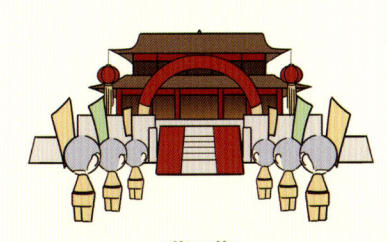

药王节
药王节,纳西族古代节日,以阻病魔侵入;药王节时逢五月初五,后与端午节合并。

入选时间：1997 年、2000 年 ｜ 文化遗产 (i) (ii) (iii) (iv) (v)　四大名园在苏州城的位置

苏州古典园林

没有其他任何地方比历史名城苏州的九大园林更能体现中国古典园林"咫尺之内再造乾坤"的设计理想。苏州园林，被公认是实现这一设计思想的杰作。

苏州的园林原为古代文人雅士的私人花园。据《苏州园林名录》统计，园林共有 108 处，其中 9 处已被列入世界文化遗产名录，目前对外开放的超过 80 处。

苏州四大名园

沧浪亭、狮子林、拙政园和留园是苏州四大名园，分别代表了宋、元、明、清的园林建筑风格。

冠云峰

留园的"石文化"吸引了诸多奇石爱好者前来赏石。其中最为著名的是冠云峰，它高约 5 米，重约 6.2 吨，是中国现存最高的一块独立的观赏性太湖石，石身因水浪冲击形成了许多独特的洞孔和纹理。

清代园林风格代表
留园

留园在清朝时被称为"寒碧山庄"。它以厅堂、长廊、漏窗等划分空间，通过假山、花、水等元素的运用，组合成几十个大小不等的庭院。入口曲折狭长，是一条长约五十多米的过道。过道上有多个花窗和洞门，形成环环相扣、景色若隐若现的氛围。尽头是开阔的园林景色，与过道有着鲜明的对比。

苏州园林的 5 个建筑特点

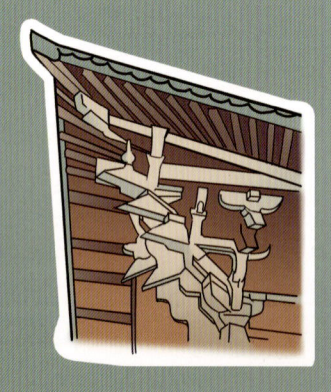

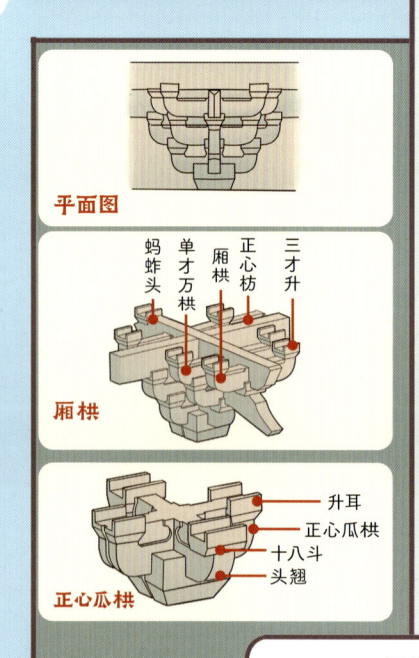

平面图
蚂蚱头　单才万栱　厢栱　正心枋　三才升
厢栱
升耳　正心瓜栱　十八斗　头翘
正心瓜栱

1- 斗栱

斗栱（dòu gǒng）是中国传统建筑中特有的构件，用以承托横梁和立柱，并装饰屋顶转角处。园林中建筑物的斗栱结构丰富多样，常见有正心瓜栱、万栱、厢栱、华栱。

注释：斗栱，又作斗拱、枓拱。

元代园林风格代表
狮子林

狮子林是为了方便高僧天如法师到苏州经，由弟子们集资而建的。天如法师为纪念其师父中峰和尚在天目山狮子岩得成佛，加上园里有许多形如狮子的假山，故取名为"狮子林"。

2- 廊

园林中的长廊斗折萦回，既能引导游人的路线，串联主体建筑和景观，也起到"移步换景"的作用，让游者随着步伐看到不一样的景色。

波形廊

44

宋代园林风格代表
沧浪亭

沧浪亭是苏州现存历史最悠久的江南园林，原为五代十国时期吴越国节度使孙承佑所有，后来宋朝诗人苏舜钦购置，并以"沧浪濯缨"的典故命名，自喻超脱尘俗，操守高洁的情怀。

沧浪亭

复廊，向外 　复廊，向内

园中有一条环绕四周建筑物的蜿蜒的"复廊"，长约50米，以一墙隔开，分成两条走道，一侧向着园外的绿水，一侧向着园内的山石。

《沧浪亭五百名贤像赞》

与明道堂相对的是"五百名贤祠"。祠里墙壁上嵌有594幅从春秋至清朝约2500年间与苏州历史相关的人物平雕石像。每一位名贤都附有四字赞言，具有极高的文献价值。

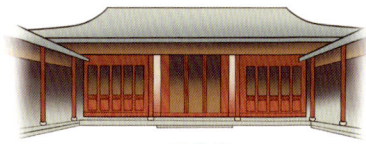

明道堂

明道堂是沧浪亭最大的主体建筑，在假山、古木掩映下，颇显庄严肃穆。这里曾是古代文人墨客会文讲学的地方。

拙政园中的天泉亭

3- 亭

苏州园林的亭台楼阁、每一寸方土之间都是有讲究的。园林中的亭多为四面通空，不仅有遮阴纳凉的功能，还有着秀气灵巧、布置合理的设计特点，与周边的草木、水池相映成趣。

4- 飞檐

苏州气候温和，风力较小，园林中楼阁的屋顶一般是在望砖或望板上直接铺砖而成的。屋面坡度自下而上逐渐增高，使屋面形成曲线，苏州工匠称之为"提栈"。

明代园林风格代表
拙政园

拙政园是苏州园林中最大的园林，由御史王献臣于明正德初年（16世纪初）所建。园内还建有国内第一座苏州园林专题博物馆。

远香堂

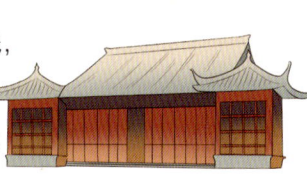

远香堂处于拙政园的中轴线，是园中主体建筑。屋檐形如飞鸟，面朝荷花池。名出自清幽的荷花香气，寓意高尚的情操。

梧竹幽居

拙政园的梧竹幽居风格独特，四面白墙各有开了一个圆形洞门。望向远处时，这四个洞门就像画框一样镶住美景，意味隽永。

小飞虹

小飞虹是苏州园林中极为少见的廊桥。它不仅连接建筑物，也构成以桥为中心的独特景观。

假石群

像狮子的假山

乾隆题字的「真趣」匾

乾隆皇帝对狮子林情有独钟，六次下江南，其中五次去的都是狮子林。他给此园题写了一块"真趣"匾，还命人在北京颐和园仿建狮子林，把狮子林"带到"皇家园林去。

中有大量北宋时期的"花岗岩"堆砌而成的假山群，千姿态，气势磅礴，狮子林也因此被誉为"假山王国"。

5- 漏窗

漏窗（又称花窗洞）遍布园林，不仅有装饰性功能，还能遮挡视线，使得景观若隐若现。图案丰富多样，多半为直线、曲线所构成的几何形体或由数个几何体构成的自然形体，如花、飞鸟走兽等。

入选时间：1998 年 | 文化遗产 (i)(ii)(iii)

北京皇家祭坛：天坛

天坛是中国现存最大的古代祭祀性建筑群，建成于明朝永乐十八年（1429年），明成祖朱棣决定迁都北京后，在北京同时修建了故宫和天坛。天坛建筑处处展示着中国传统文化特有的寓意、象征的艺术表现手法，建筑布局蕴含着"天圆地方"的寓意，主体建筑屋面覆以蓝色琉璃瓦以象征青天，使祭礼达到神圣而崇高的效果。

雷公柱

金色宝顶和下面的雷公柱，代表皇帝一统天下。

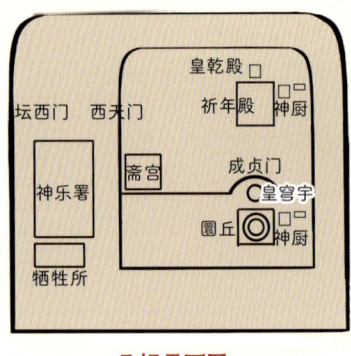

天坛平面图

方包似的布局呈一个回字，上圆下方，寓意"天圆地方"。
总面积≈紫禁城的4倍

建筑布局图

祈年殿

祈年殿也叫祈谷殿，皇帝在这里祈祷风调雨顺，五谷丰登。

皇穹宇

皇穹宇是存放祭祀神牌的地方。

殿中央是"皇天上帝"的牌位，左右两边是皇帝祖先的神牌。

内由八根金柱八根檐柱共同撑起。

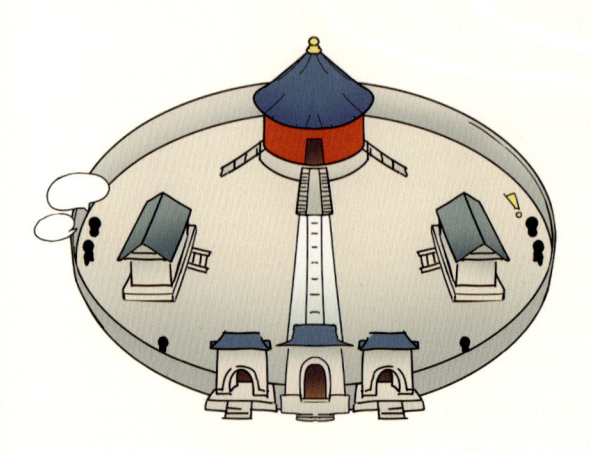

三重檐

圆形屋顶覆盖蓝色琉璃瓦，象征着"天"。因为天是蓝色的。

回音壁

皇穹宇殿外有一圈3.7米高的环形围墙，分别站在围墙两端轻声说话，互相可以听得非常清楚。

三音石

从皇穹宇殿基开始的第一、第二和第三块铺路的条型石板叫"三音石"。站在第三块石板说话，可以听见从殿内传出三声回音。

天坛的历史由来

明永乐十八年 明成祖朱棣：我要在这里建一座天地坛，祈求天地！

明嘉靖九年 世宗皇帝：我要四郊分祀，另建地坛。这里专门祭天，改名天坛！

金色宝顶

祭天仪式：九奏

祭天就是祭祀天神，是古代重大的祭祀活动。古代帝王自称"天子"，对上天非常崇敬。祭天主要包括九道礼序：迎神—奠太帛—进俎—初献—亚献—终献—彻馔—望馔—望燎。

坛内古柏

坛内有古柏约4000株，代表崇敬和祈求。

圜丘

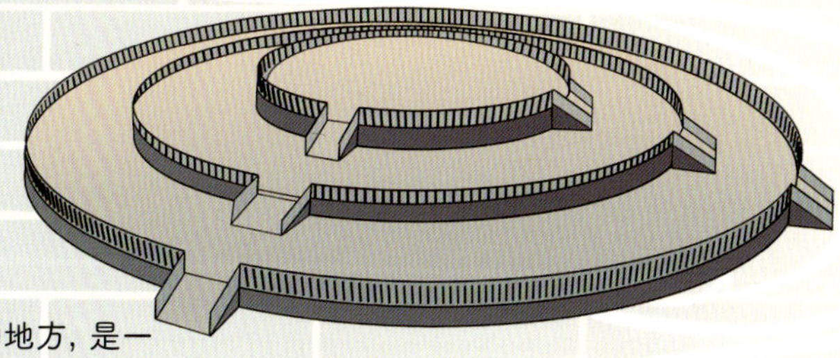

皇帝举行祭天大礼的地方，是一座石头雕砌的三层露天圆台。

天心石

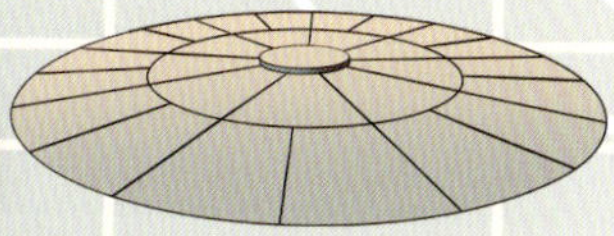

圜丘台中心是一块圆形大理石，又叫圆心石。站在圆心石上轻唤，声音会从四面八方传来（这是四周的石栏回声所致）。

九环石板

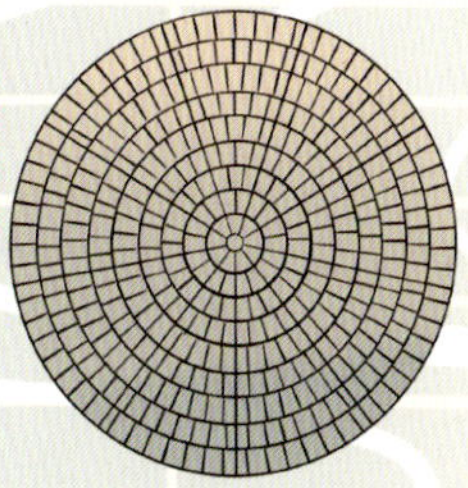

圜丘中央的圜丘台上镶有九环石板。象征着天帝居住的"九重天"，每一环都是9的倍数（因为9是最大的单数，代表了天的"至高至大"）。

九重天

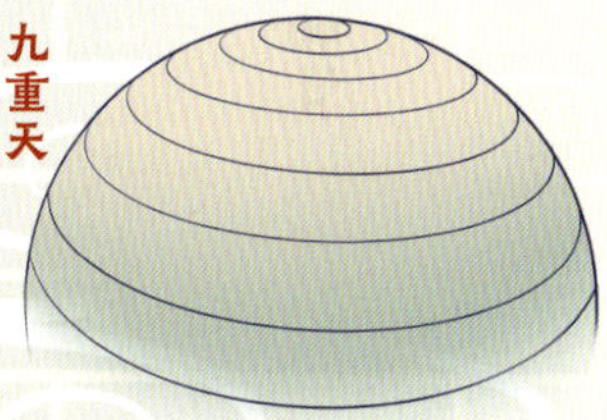

古人认为"天似穹庐，共分九重"，九重天分为：宗动天、经星天、土星天、木星天、火星天、日轮天、金星天、水星天、月轮天。

祈年殿内部结构由内外三圈木柱支撑

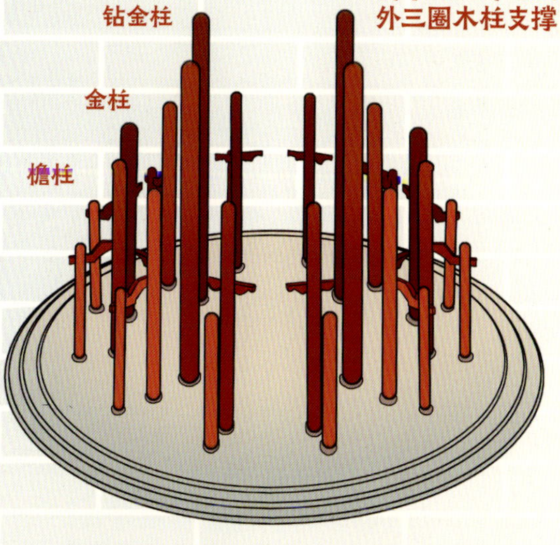

- 钻金柱
- 金柱
- 檐柱

1×4：中央四柱叫"通天柱"又叫"钻金柱"，代表四季。
1×12：中层12根"金柱"，代表一年12个月。
1×12：外层12根"檐柱"，代表一天12个时辰。
1×24：中外层共24根柱，代表二十四节气。
1×28：里外三层共28根柱，代表二十八星宿。

47

入选时间：1998 年　|　文化遗产 (i)(ii)(iii)

北京皇家园林：颐和园

北京颐和园，始建于1750年，1860年在战火中严重损毁，1886年在原址上重新进行了修缮。其亭台、长廊、殿堂、庙宇和小桥等人工景观与自然山峦和开阔的湖面相互和谐地融为一体，具有极高的审美价值，堪称中国风景园林设计中的杰作。

修缮历史

乾隆二十九年（1764年），耗银480余万两建成清漪园，即颐和园的前身。

咸丰十年（1860年），清漪园在英法联军侵华时被大火烧毁。

光绪年间，慈禧太后动用北洋水师筹措的经费重建清漪园，并改名为颐和园。

慈禧太后

本为清咸丰帝嫔妃，后成为同治光绪年间的实际主政者，是当时中国最高统治者。共发动政变两次，立皇储两次，推动改革三次。

智慧海

智慧海是万寿山最高处的一座无梁佛殿，完全由砖石砌成，采用拱券结构巧妙支撑。拱券（xuàn）是一种建筑结构，其外形为圆弧状，竖向荷重时具有良好的承重特性，还起着装饰美化的作用。

建筑格局

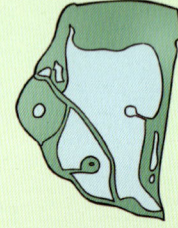

颐和园以杭州西湖为蓝本，同时仿建苏州园林和各地名胜，大致可分为行政、生活、游览三部分。以仁寿殿为中心的行政区，是慈禧太后坐朝听政的地方。仁寿殿后的乐寿堂为慈禧居住的地方。

杭州西湖布局　　颐和园布局

一池三山

入口视角

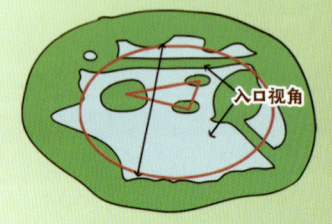

颐和园是仅存的一座保留着"一池三山"模式的宫苑。一池三山，通常表现为在一片水域中分布三座岛屿。按照中国神话，东海中有蓬莱、方丈、瀛洲三座仙山，为神仙居所。这种布局后来成为帝王营建宫苑时常用的方式。

四大名园（包含颐和园）

颐和园为中国四大名园之一，其他三座分别为：

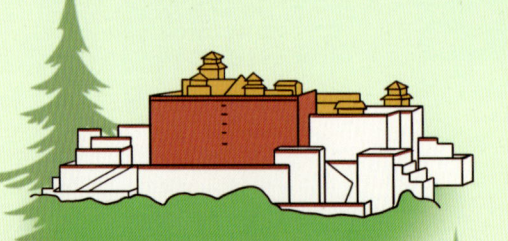

承德避暑山庄 　　留园 　　拙政园

昆明湖

治镜阁遗址

藻鉴堂

排云殿

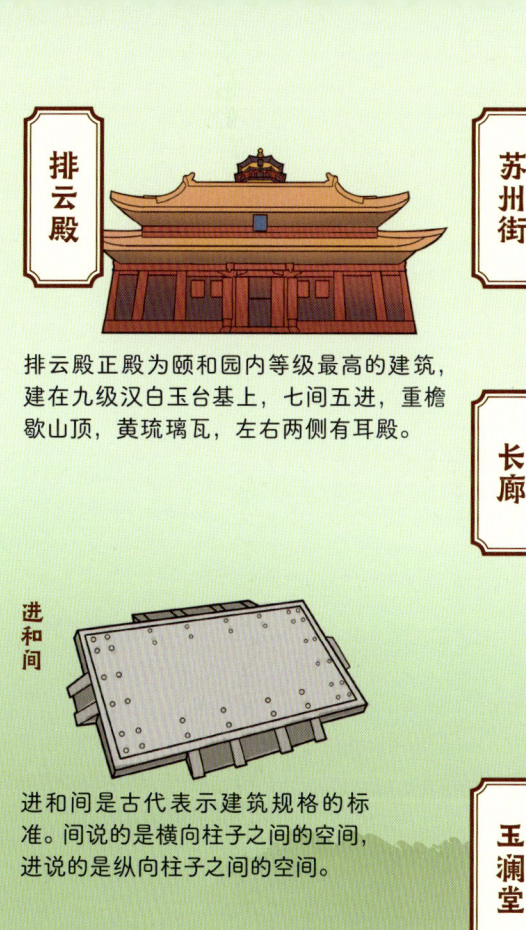

排云殿正殿为颐和园内等级最高的建筑，建在九级汉白玉台基上，七间五进，重檐歇山顶，黄琉璃瓦，左右两侧有耳殿。

苏州街

乾隆二十七年（1762年），乾隆帝下江南，到苏州游历，回京后在颐和园后湖修建了苏州街。

长廊

长廊全长728米，共273间。

仁寿殿

仁寿殿前点檀香用的四尊铜龙铜凤，凤居中间龙靠两侧，显示出慈禧太后当时"凤在上，龙在下"的权威。

进和间

进和间是古代表示建筑规格的标准。间说的是横向柱子之间的空间，进说的是纵向柱子之间的空间。

玉澜堂

玉澜堂是一处重要的历史遗迹。慈禧发动宫廷政变后将光绪帝囚禁在此，殿北的后门被用砖墙堵死。

正殿地砖上原有坑洼洞痕，相传为光绪帝被囚禁时用手杖击地发泄而成。

南湖岛

桥上雕有神态不同的石狮共544只，各石狮威猛凶武，形象生动。

十七孔桥

桥长150米，宽8米，呈拱形，有十七个不同大小的桥洞。

三山五园

三山五园是北京西北部的皇家园林群的统称。

香山

玉泉山

万寿山

圆明园

畅春园

静明园

静宜园

入选时间：1999 年　|　文化遗产 (i)(ii)(iii)

大足石刻

大足地区的险峻山崖上保存着绝无仅有的石刻。这些石刻以其极高的艺术品质、丰富多变的题材而闻名遐迩，从世俗到宗教，鲜明地反映了中国从公元 9 世纪到 13 世纪这一时期的日常社会生活，以及在当时佛教、道教和儒家思想和谐相处的局面。

大足石刻的三大特点

① 由民间僧俗个人捐资而建。
② 采用中国固有"摩崖造像"的方式，即在岩石表面凿石刻像，并将神像与现实人物的特点相融合，表现的内容更贴近生活。
③ 三教合一：题材以佛教故事为主，融入道教以及儒家中"忠""孝"观念。

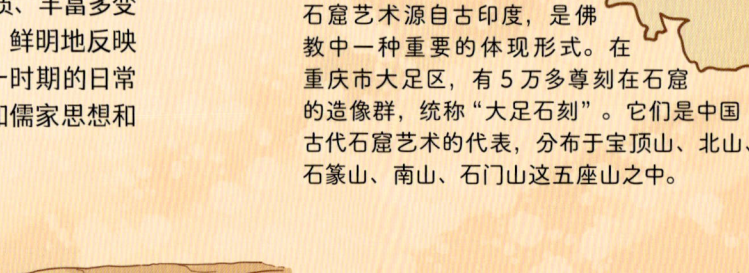

石窟艺术来源

石窟艺术源自古印度，是佛教中一种重要的体现形式。在重庆市大足区，有 5 万多尊刻在石窟的造像群，统称"大足石刻"。它们是中国古代石窟艺术的代表，分布在宝顶山、北山、石篆山、南山、石门山这五座山之中。

华严三圣

宝顶山的造像集中在大、小佛湾和圣寿寺。在大佛湾南岩东端，有三座"擎天柱"，分别是普贤菩萨、毗卢遮那佛、文殊菩萨。它们身高 7 米，肩宽 2.9 米，合称"华严三圣"。

宝顶山

赵智凤是大足石刻的创刻者。他自幼孝顺，后来得道成为高僧，花了 70 多年的时间（1174 至 1252 年）在宝顶山上凿石造像，构建了该地区第一座拥有近万尊佛像的道场。

千手观音像

在华严三圣像东侧，有一座"千手观音像"，它是中国佛教里唯一一座拥有 830 只手的观音像，耗时 8 年进行修复，如孔雀开屏，金碧辉煌。

养鸡女

宝顶山的"地狱变相"造像阐释了佛教中十八层地狱的场景。其中"刀船地狱"这一层，刻有一个掀开鸡笼喂鸡的女子，俗称"养鸡女"。据说这是赵智凤以古时候一个名叫奚成凤的很会养鸡的姑娘为原型所雕刻的，借此暗示后世不要杀生。

南山 南山有着中国最多、最集中的道教造像，约 500 尊，当中最为知名的第五号三清古洞就有 421 尊，如三清道祖、后土圣母等，呈现了最完整的道教神明体系。

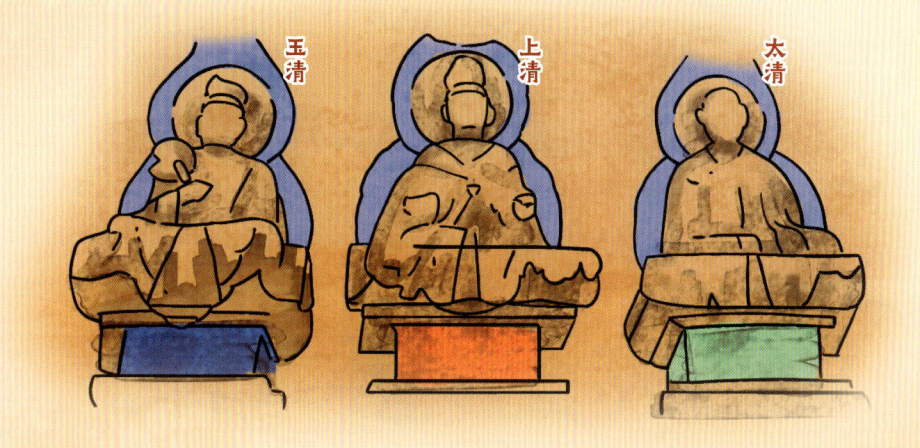

玉清　上清　太清

北山 北山的造像以佛教神明为主，共有 51 种题材，多数集中在佛湾，其余分布在多宝塔、营盘坡、观音坡、佛耳岩等处。

日月观音

石篆山 石篆山是宋代名僧希昼禅师的开山道场，主要由当时的大地主严逊出资建造，共有 565 尊造像，也是最能体现"三教合一"的造像区。内刻有儒学创始人孔子、孔子的十大弟子，以及道教创始人老子。

孔子

老子

石门山 石门山的造像超过 500 尊，凿于山顶两块巨石上，以道教题材为特色，像在《西游记》中出现过的人物，如玉皇大帝、顺风耳、千里眼，都能在这里找到。

（右）千里眼
（中）玉皇大帝
（左）顺风耳

51

入选时间：1999 年　｜　复合遗产 (iii)(vi)(vii)(x)

武夷山

　　武夷山位于福建省武夷市崇安县，最高海拔 2158 米（主峰"黄岗山"），属亚热带湿润型季风气候，有着世界同纬度中面积最大的中亚热带原生性森林生态系统，孕育了丰富的动植物资源，是中国东南部最负盛名的生物多样性保护区。

　　九曲溪两岸峡谷秀美，有众多寺院庙宇，为唐宋理学的发展和传播提供了良好的地理环境，自 11 世纪以来，理教对东亚地区文化产生了相当深刻的影响。

朱熹

武夷山是"朱熹理学"的发源地。朱熹是南宋时期的理学家，他曾在五夫镇的紫阳楼住宿讲学 50 年，在九曲溪创办了"武夷精舍"并完成了《四书章句集注》《太极图说解》《周易读本》等多部重要论著。

茶文化

大红袍

大红袍，产于福建武夷山，属乌龙茶，品质优异，为中国特种名茶。历史上的大红袍产量十分稀少，而被公认的大红袍仅是九龙窠岩壁上的那几棵。即使在最好的年份，茶叶产量也不过几百克。2006 年大红袍母树及制作工艺被列为国家首批非物质文化遗产，随后停止采摘，最后一批母树茶叶于 2007 年送入国家博物馆收藏。

"万里茶道"的起点

位于武夷山东部的下梅村，是"万里茶道"的起点。在清朝，下梅村有中国最大的茶叶市场，连接了中国和俄罗斯两国的茶叶贸易窗口。村里至今仍保留着清代茶市的水运码头。

奇特的葬俗：架壑船棺

武夷山先民"闽越族人"将棺木做成船形并悬挂在岩洞中，以安葬亡人。这种古老且奇特的丧葬习俗称为"架壑船棺"，是世界文化史上的一大奇迹。

武夷山船棺

52

武夷山的地貌特征是如何形成的

红层盆地抬升 → 流水下切侵蚀 → 切沟、巷谷、峡谷 → 坡面崩塌 → 陡崖坡后退 → 山顶面切割缩小 → "堡状残峰"

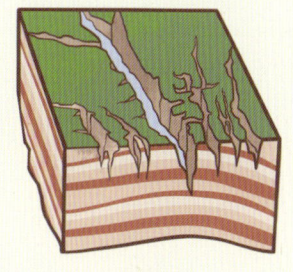

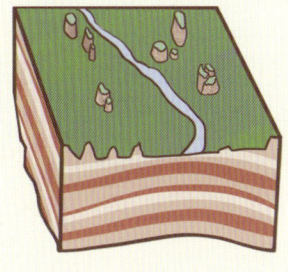

早期　　　　　中期　　　　　晚期

武夷山是典型的丹霞地貌。地壳运动、常年的雨水和风力侵蚀，使岩体崩塌，陡崖后退，原来的山体逐步退缩成"堡状残峰"。山的侧壁露出大面积的红色砂岩层，就是丹霞层。

武夷山"四宝"

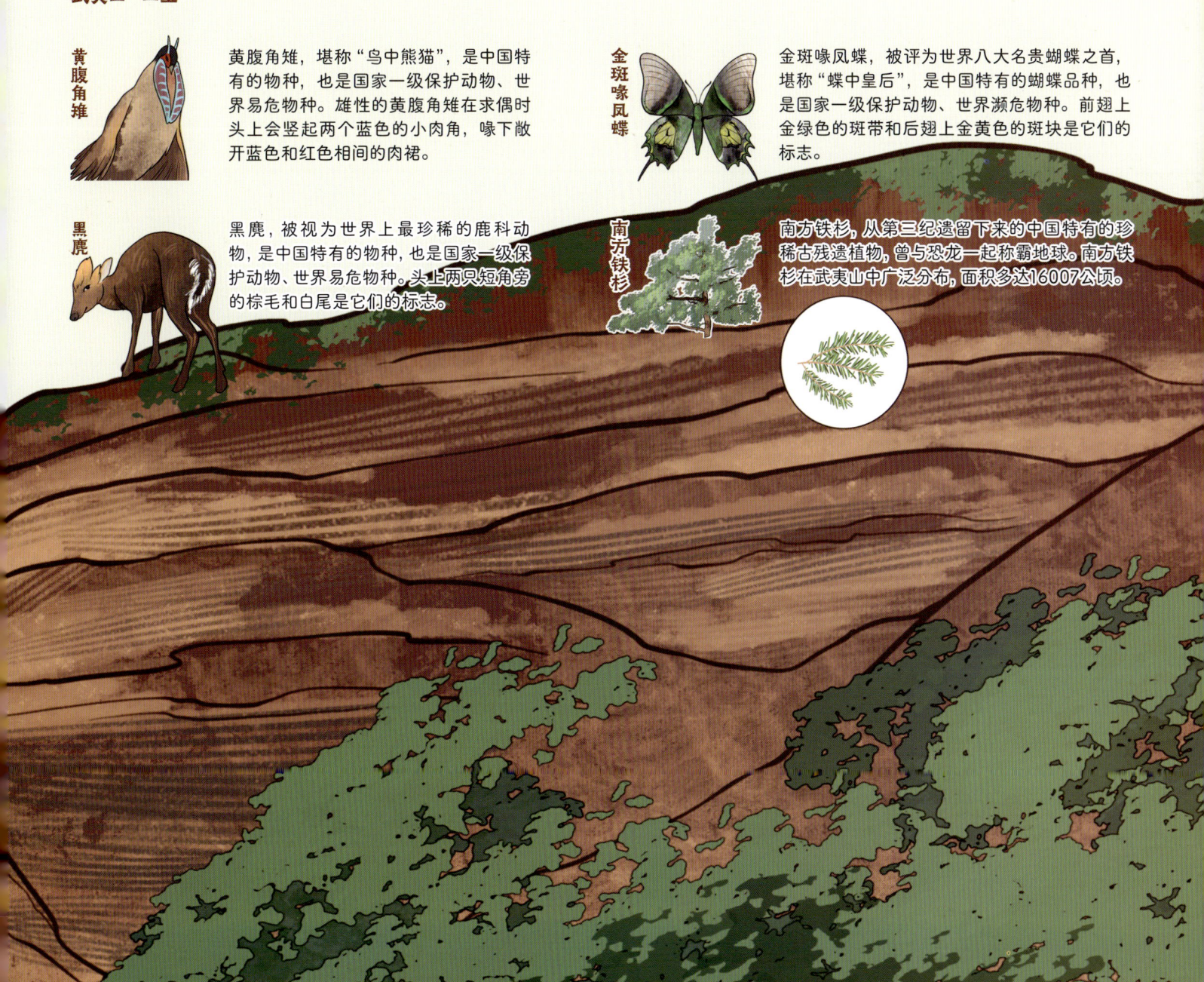

黄腹角雉　黄腹角雉，堪称"鸟中熊猫"，是中国特有的物种，也是国家一级保护动物、世界易危物种。雄性的黄腹角雉在求偶时头上会竖起两个蓝色的小肉角，喙下敞开蓝色和红色相间的肉裙。

金斑喙凤蝶　金斑喙凤蝶，被评为世界八大名贵蝴蝶之首，堪称"蝶中皇后"，是中国特有的蝴蝶品种，也是国家一级保护动物、世界濒危物种。前翅上金绿色的斑带和后翅上金黄色的斑块是它们的标志。

黑麂　黑麂，被视为世界上最珍稀的鹿科动物，是中国特有的物种，也是国家一级保护动物、世界易危物种。头上两只短角旁的棕毛和白尾是它们的标志。

南方铁杉　南方铁杉，从第三纪遗留下来的中国特有的珍稀古残遗植物，曾与恐龙一起称霸地球。南方铁杉在武夷山中广泛分布，面积多达16007公顷。

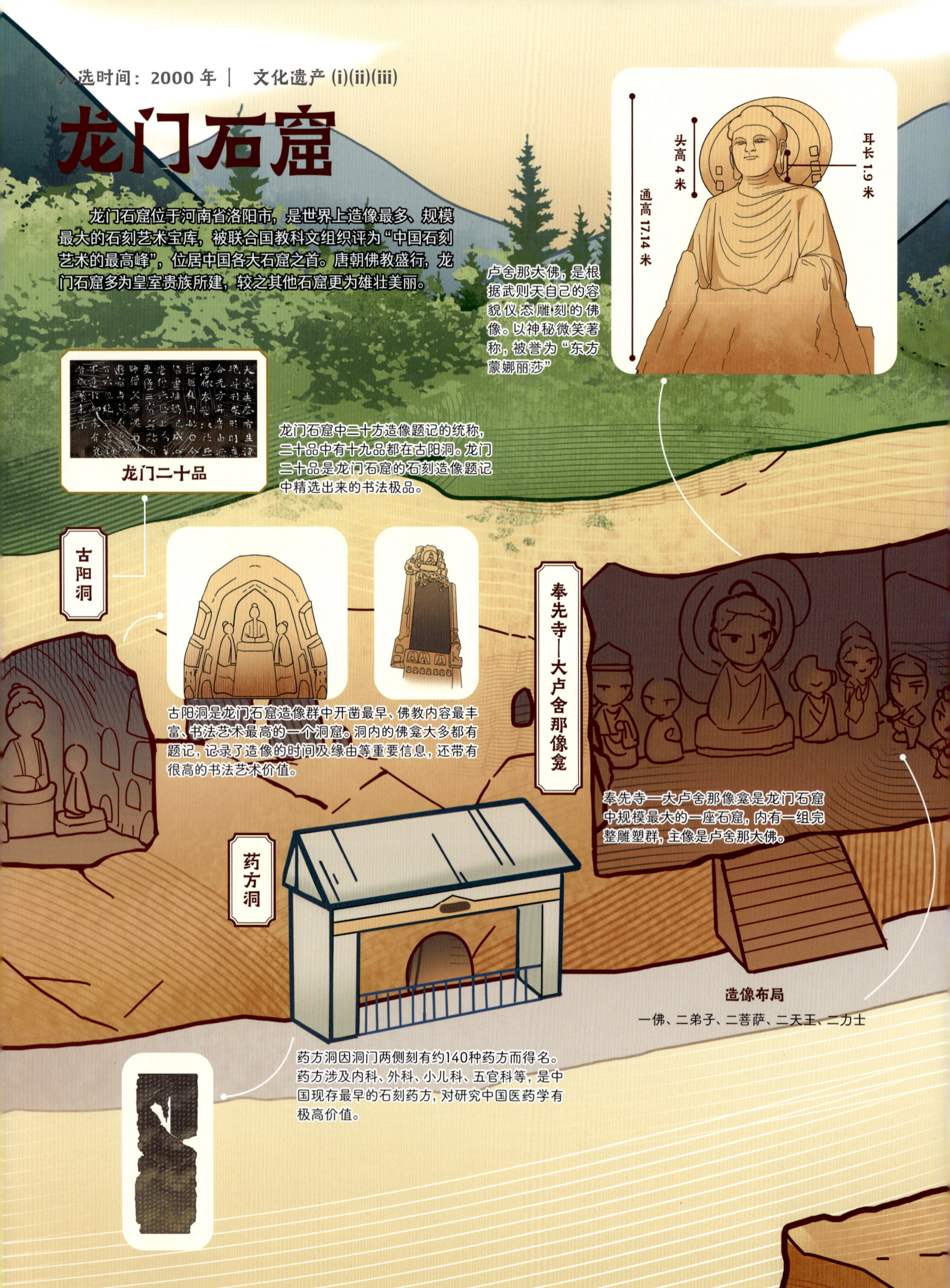

入选时间：2000 年 | 文化遗产 (i)(ii)(iii)

龙门石窟

龙门石窟位于河南省洛阳市，是世界上造像最多、规模最大的石刻艺术宝库，被联合国教科文组织评为"中国石刻艺术的最高峰"，位居中国各大石窟之首。唐朝佛教盛行，龙门石窟多为皇室贵族所建，较之其他石窟更为雄壮美丽。

卢舍那大佛，是根据武则天自己的容貌仪态雕刻的佛像。以神秘微笑著称，被誉为"东方蒙娜丽莎"

头高 4 米 | 耳长 1.9 米 | 通高 17.14 米

龙门二十品
龙门石窟中二十方造像题记的统称，二十品中有十九品都在古阳洞。龙门二十品是龙门石窟的石刻造像题记中精选出来的书法极品。

古阳洞
古阳洞是龙门石窟造像群中开凿最早、佛教内容最丰富、书法艺术最高的一个洞窟。洞内的佛龛大多都有题记，记录了造像的时间及缘由等重要信息，还带有很高的书法艺术价值。

奉先寺—大卢舍那像龛
奉先寺—大卢舍那像龛是龙门石窟中规模最大的一座石窟，内有一组完整雕塑群，主像是卢舍那大佛。

造像布局
一佛、二弟子、二菩萨、二天王、二力士

药方洞
药方洞因洞门两侧刻有约140种药方而得名。药方涉及内科、外科、小儿科、五官科等，是中国现存最早的石刻药方，对研究中国医药学有极高价值。

禹凿龙门

相传大禹治水开凿的龙门山，就是现在的龙门石窟所在。

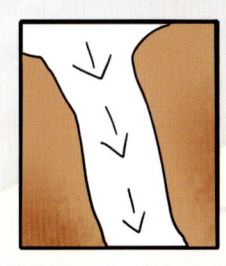

在禹凿龙门之前，龙门山是一个相连的整体。大水在龙门山之南积聚，形成水患。因此，大禹凿开龙门山，使水流畅通。

开凿时长

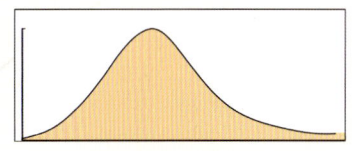

龙门石窟始凿于北魏，盛于唐，终于清末。历经十多个朝代陆续开凿1400余年，是世界上营造时间最长的石窟。

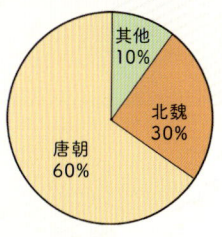

其他 10%
北魏 30%
唐朝 60%

在龙门的所有洞窟中，北魏洞窟约占30%，唐代占60%，其他朝代仅占10%左右。

莲花洞

莲花洞窟顶雕有一朵高浮雕的大莲花而得名。莲花是佛教象征名物，但像莲花洞窟顶这样硕大精美的高浮雕大莲花并不多见。

宾阳洞

『剪刀手』佛像

宾阳洞位于宾阳北洞。这座佛像位于宾阳北洞，这个特殊的手势其实是一种较为少见的佛教手印。佛像因拇指风化，而食指中指间隙增大，与大家熟悉的剪刀手类似，故而被游客称为"剪刀手"佛像。

万佛洞

万佛洞因洞内一万五千尊小佛而得名。其中很多佛像只有3~4厘米高。

香山寺

白居易墓

55

入选时间：2000 年 ｜ 文化遗产 (ii)(iv)(vi)

青城山—都江堰

青城山为道教发源地之一，是一座道教名山。位于四川成都都江堰市西南，古称"丈人山"。主峰老霄顶海拔 1600 米。在四川名山中与剑门山之险、峨嵋山之秀、夔门山之雄齐名，有"青城天下幽"之美誉。青城山是著名的中国历史名山和国家重点风景名胜区。

都江堰建于公元前三世纪，位于四川成都平原西部岷江上的都江堰，是中国战国时期秦国蜀郡太守李冰及其子率众修建的一座大型水利工程，是全世界至今为止，年代最久、惟一留存、以无坝引水为特征的宏大水利工程。2200 多年来，至今仍发挥巨大作用。

都江堰修建背景——水患

都江堰位于岷江由山谷进入平原的交界处，古代时是一大水患地区。从青藏高原到成都平原的水流冲积，使大量泥沙淤塞河道。雨季，岷江水泛滥成灾；雨水不足时，又造成干旱。秦昭襄王五十一年（前 256 年），命李冰治水，历时 20 年建成都江堰。

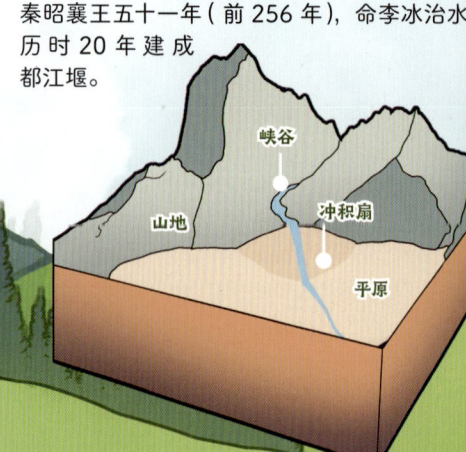

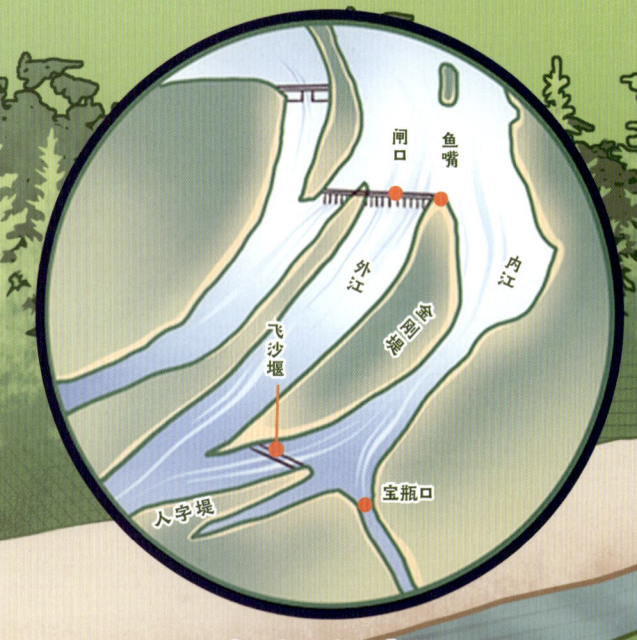

都江堰工程示意图

李冰

李冰，战国著名水利工程专家，被秦昭王任为蜀郡太守。李冰父子带人修建都江堰，几千年来，为成都平原成为天府之国奠定坚实的基础。

飞沙堰

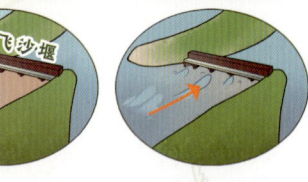

为了防止流入宝瓶口的水量过高，李冰在瓶口旁又修建了分洪用的平水槽，堰顶做到比较合适的高度，起一种调节水量的作用。当内江水位正常，江水不会漫过堰顶；当水位过高，江水经由平水槽漫过飞沙堰流入外江，保证内江灌溉区免遭水灾。

三神石人

为了观测和控制内江水量，李冰又雕刻了三个石桩人像，放于水中来确定水位。石人冲毁后，后世又以李冰形象塑造新的石人代替。

岁修制度

岁修就是一年一修制度，主要有两方面：一是加固，二是排沙（古人用挖出来的沙石加固堰体，一举两得）。

深淘滩低作堰

"深淘滩"：江底泥沙要深淘，保证内江灌溉水量；"低作堰"：飞沙堰顶不能过高，以免排洪不畅。

杩槎

一种临时围堰。杩（mà）槎（chá）是用木头扎起来的三足架，在里面填充竹笼石，阻挡江水。淘挖内江河道时，使用杩槎将水全部引入外江。淘挖外江时则反过来。

鱼嘴

都江堰的分水工程，形如鱼嘴而得名。它把岷江分成内外二江。外江用于行洪；内江用于灌溉。

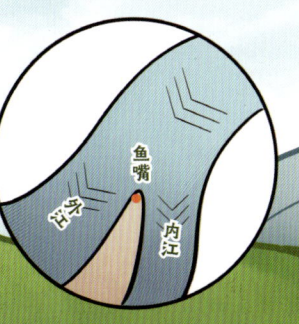

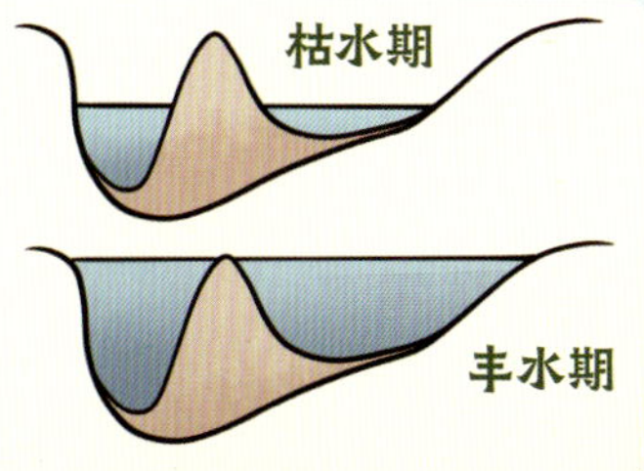

枯水期 / 丰水期

鱼嘴利用地势使江水按比例分流。枯水季节60%江水流入内江，保证民用水；丰水季节大部分江水从外江排走，这种自动分配内外江水量的设计叫"四六分水"。

竹笼石

最初的鱼嘴分水堰的建造是用竹笼把石头装进去，然后筑成堤堰，这样石头就不会被冲走了。

宝瓶口

宝瓶口是在玉垒山上凿开的缺口，形如"瓶颈"，因此得名。由于玉垒山阻挡了岷江水，造成"西涝东旱"。所以凿开玉垒山，将水向东引，既减少西边的江水，又解除了东边地区的干旱。

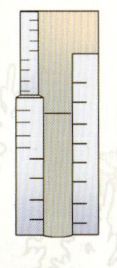

水则

宝瓶口岸边刻有几十条分划，每划间距一市尺，名为"水则"，用以观测水位，是中国最早的水位标尺。足用的水则数随着都江堰灌溉面积的扩大而增加。

宋朝：六则 → 元朝：九则 → 清朝至今：十四则

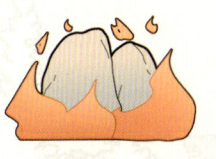

火烧石

开凿玉垒山时，还未有火药，人们便以火烧石，再用水使其冷却爆裂，终于凿出了一个山口。

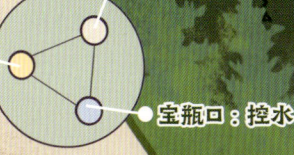

鱼嘴：分水
飞沙堰：排水
宝瓶口：控水

鱼嘴、飞沙堰、宝瓶口三大工程巧妙配合，合理地引水灌溉和防洪。它将岷江水一分为二，引一部分流向玉垒山的东侧，让成都平原的南半壁不再受水患的困扰，而北半壁又免于干旱之苦。

都江堰的技术变革

自秦以来	元朝	近代	现代
一直以竹笼盛装卵石结合杩槎构筑。	首次引入铁石结构，此后一直在竹笼、铁石两者间反复。	水泥、混凝土技术引入。	所有构造都以混凝土加固和保护。原有的分水系统逐渐被人工水闸所代替。

入选时间：2000 年、2003 年、2004 年 ｜ 文化遗产 (i)(ii)(iii)(iv)(vi)

明清皇家陵寝

卜选陵址
当时的人非常相信堪舆学（即风水），认为一块风水宝地能为国家社稷带来好运。因此"卜选陵址"是皇陵营建的首要环节，一般先由朝中一、二品官员和风水术士依据风水理论，选出一处或多处宝地，再拟规划图并上奏，最后由皇帝裁定。

明清皇家陵寝遵照中国传统风水理论，糅杂汉族和满族的建筑艺术特点，饰以大量以龙为主题的石雕、瓦片，展示了明、清墓葬建筑的发展。它们的选址、规划和设计体现了"天人合一"的哲学思想，阐释了封建中国晚期持续五百余年的世界观与权力观。

明清皇家陵寝的分布
明清皇家陵寝广泛分布在北京、河北、辽宁、安徽等地，是明、清历代皇帝精心规划营建的文物建筑。目前被列入世界遗产名录的有明十三陵、明孝陵、明显陵、盛京三陵、清东陵和清西陵。

明十三陵

明十三陵位于北京市昌平区，为明朝13位皇帝陵墓的总称，内葬有23位皇后、1位皇贵妃以及数十名殉葬的官人。

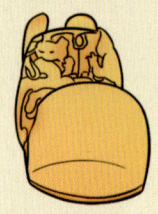

金翼善冠
万历皇帝的陵墓"定陵"是十三陵中最华丽的一座，共出土三千多件珍贵文物，当中有万历皇帝生前最常戴的乌纱帽"金翼善冠"和"乌纱翼善冠"。金翼善冠重 826 克，体现了当时工匠高超的手工技艺。

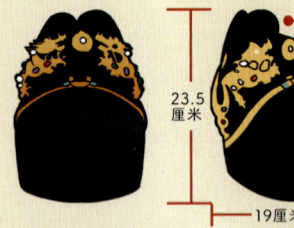

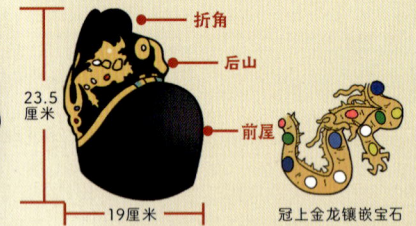

乌纱翼善冠
重307.5克，出土时戴在万历皇帝的头上。内衬4层，还有双龙戏珠装饰，金累丝制成的长方形帽花，镶嵌两块绿宝石。

折角 / 后山 / 前屋 / 23.5厘米 / 19厘米 / 冠上金龙镶嵌宝石

清西陵

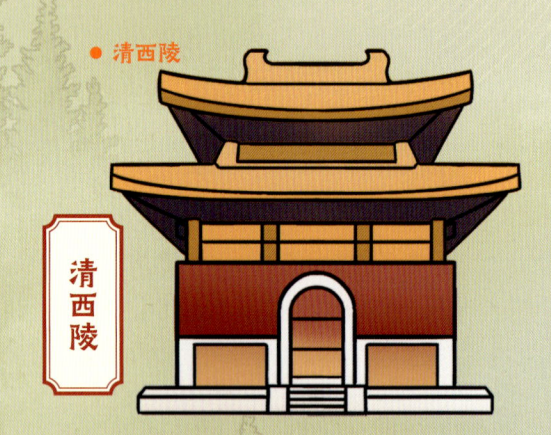

清西陵位于河北省易县永宁山下，共有 14 座陵寝，葬有雍正、嘉庆、道光、光绪四位皇帝（末代皇帝溥仪没有建陵）及多名皇后、妃嫔、亲王、公主和阿哥。

明显陵

回音壁
埋葬着嘉庆皇帝的孝和睿皇后的昌西陵，有一座神奇的回音壁。如果人站在回音壁的左侧细语发声，站在右侧的人紧贴壁面，即使相距 74 米，也能清晰听见左侧的人传来的声音。

明显陵位于湖北省钟祥市，是嘉靖皇帝父母的合葬墓，是明代帝陵中最大的单体陵墓。

琉璃影壁
在明显陵的入口棱恩门，内外墙面饰有其他帝陵所没有的"琉璃影壁"，这也是显陵最大的特色之一。
正面为琼花图案，寓意草木旺盛、国家繁荣。背面为双龙图案，有藏龙卧虎的意思。

正面的琼花影壁 / 背面的双龙影壁

雍正首开分葬先河
从夏商开始，中国历代帝王都遵照"子随父葬、祖辈衍继"的祖制，唯独雍正皇帝打破了此规矩，没有跟随父亲康熙皇帝葬于清东陵，而是另找风水宝地，在 1730 年营建自己及后辈的陵寝，于是便有了清西陵。

盛京三陵

盛京三陵指的是永陵、福陵、昭陵。

福陵，清太祖努尔哈赤及其皇后叶赫那拉氏的陵墓。

昭陵，清太宗皇太极陵墓，是三陵中最大的。

永陵，三陵中最小的，建于 1598 年，葬有清朝皇室的祖先。有别于其他皇陵，"一陵多葬，君臣共葬"是永陵最大的特点。

清朝建筑特色

建筑上，永陵有着满族的文化特点。最具代表性的是位于入口的"木栅栏门"，象征女真族过去以树栅为寨的生活习俗，提醒后世不忘先祖创业艰辛。

祭祀之地

永陵曾作为清朝皇帝祭祀的地方，每年都要举行4次大祭和24次小祭，终年香火不断。祭品一般都会有煮熟的牛头和羊头各一个。

屋脊上的石雕

狗是满族祖先崇拜物，龙则是中华民族图腾，狗和龙结合，便诞生了"坐龙"这一象征清王朝祖先的元素。无论是屋脊、石柱还是墙面都能看到"石雕坐龙"。

清东陵

清东陵位于河北省遵化市，共有 15 座陵寝，是清代陵墓中规模最庞大的陵寝建筑群。顺治、康熙、乾隆、咸丰、同治五位皇帝，以及东太后慈安和西太后慈禧都被安葬在这里。

慈禧太后 / 黄金

慈禧太后的陵墓定东陵金碧辉煌，其隆恩殿的天花板、柱木和墙壁贴满黄金，总用金量达 143.5 公斤，并采用名贵的黄花梨木作为建筑材料。

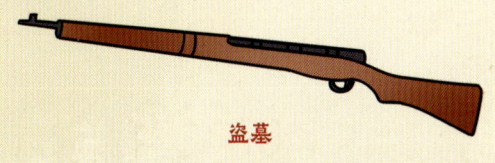

盗墓

清东陵曾遭遇过两次"重创"：1928年，军阀孙殿英率兵盗掘乾隆帝裕陵地宫和慈禧陵地宫，掠走大量珍宝；1945年，康熙皇帝的景陵被炸开，珍贵文物被洗劫一空。

明孝陵

明孝陵是明朝开国皇帝朱元璋和皇后马氏的合葬陵墓，分为"神道"和"陵宫"两大部分。

辟邪石像

神道第一段的"石像路"长615米，沿路排列了6种形体圆润的石雕神兽（狮子、獬豸、骆驼、象、麒麟、马），跪姿和立姿各一对，共有12对，有着辟邪、保卫的象征作用。

入选时间：2000 年 | 文化遗产 (iii)(iv)(v)

皖南古村落：西递、宏村

皖南古村落位于安徽省黄山市黟（yī）县，始建于宋朝，有近一千年的历史。西递和宏村是当中最具代表性的两座古村落，村里的建筑和民宅历史悠久、古朴典雅，充满了中国徽派建筑的特色。

西递和宏村仍然保留着中国明清时期徽州乡村的真实面貌，其街道规划、古建筑、装饰风格、当地民居都是非常独特的文化遗存。

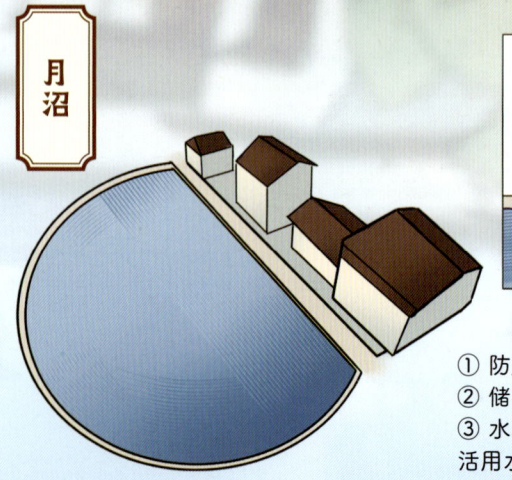

宏村水系和村落平面图

牛形村示意图

宏村是一个神奇的"牛形村"，地形宛如一头牛，村里的水系也是按照"牛"的结构来设计的。村里的民宅是"牛身"，小巷里的水圳是"牛肠"。一个半月形的水塘处在村庄的正中心，就像"牛胃"。月沼往下是南湖，像"牛肚子"，用来储存河水。

月沼

牛形人工水系的作用

① 防火。
② 储存在南湖的河水用于水田的灌溉。
③ 水圳流经家家户户，为村民提供了生活用水。

陶渊明

陶渊明是晋朝的大诗人，有一种说法是他来到了西递和宏村所在的黟县，爱上了黟县的青山绿水、白墙黑瓦，于是写下了《桃花源记》，赞颂这片与世无争的世外桃源。

承志堂

标注：后厅、排山阁、后厅天井、吞云轩、后花园、前厅、前厅天井、仪门、商字门、书房、厨房、"八"字门楼

承志堂是宏村最大的建筑，建于1855年，是清朝末年大盐商汪定贵的房子。房子有7层，约60个房间，9个天井，1个后花园，里面的每一根木柱都刻有精美的立体木雕。承志堂有"民间故宫"的美称。

徽派建筑的特点

马头墙

四水归堂 — 天井

西递和宏村的建筑都用白墙，屋顶的瓦片都是黑色的，形状像马头，所以被称为"马头墙"。在古时候，徽州的男孩子满12岁就要离开家，去外面做生意，马头墙是家人们盼望孩子早日回家的象征。

西递和宏村的民宅都有一个"回"字形的半露天的厅堂，叫"天井"。每当下雨的时候，屋顶上的雨水便会哗啦啦地流到井里，在中国的风水中，这叫"四水归堂"。古代人们相信，水代表财富，有了天井，四面八方的财富就会源源不断地流入自己家里。

入选时间：2001 年　｜　文化遗产 (i)(ii)(iii)(iv)

云冈石窟

云冈石窟，位于山西省大同市，现存主要洞窟45个，附属洞窟209个，大小造像59000余尊，代表了北魏时期中国高超的佛教艺术成就。"昙曜五窟"整体布局严整，风格和谐统一，是中国佛教艺术发展史的第一个巅峰。

云冈石窟的历史由来

a. 北魏时佛教蓬勃发展，开窟造像盛行。

b. 和平元年（460年）佛教高僧昙曜上奏文成帝，于武州山的断崖上开窟五所（今称昙曜五窟）。

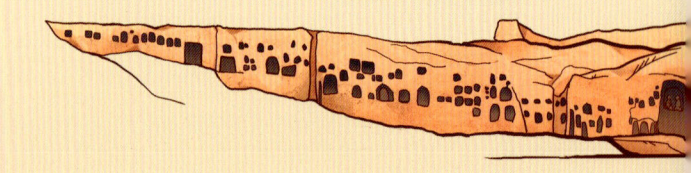

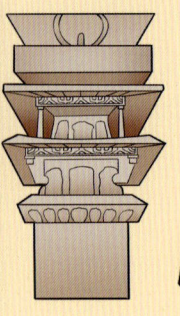

第一窟、第二窟位于石窟群东端，两窟并列布局相似，中央均有方形立柱。

第三窟是云冈最大的石窟，窟分前后两室，断崖高25米，中上部凿有12个方孔。

昙曜五窟

即编号第十六至二十窟，是云冈石窟最早开凿的五个洞窟。因其由高僧昙曜主持修建，而被称为"昙曜五窟"。五座大佛分别象征着北魏的五个皇帝。

大佛窟

五座大窟有一个共同的特征，窟内以大佛为主体，众弟子环绕四周，被称为大佛窟。
大佛窟平面为马蹄形，穹隆顶，外壁雕千佛。主要造像为三世佛，佛像高大面相丰圆，高鼻深目双肩齐挺。

云冈石窟早期

窟前部分在辽代前已崩塌，造像完全露出，正中的释迦坐像高13.7米。这尊佛像面部丰满两肩宽厚，造型雄伟气魄浑厚，是云冈石窟的标志。

第二十窟

第十九窟

主像是三世佛，窟中的释迦坐像高16.8米，是云冈石窟中的第二大像。窟外东西凿出两个耳洞，各雕一身8米的坐像。

c. 之后，开窟造像大规模地展开，数十万传统匠师雕凿了其他的窟。

d. 太和十八年（494年）迁都洛阳，开凿的热潮逐渐衰退。

e. 此后窟龛多由贵族官吏为祈福超度而建，多为小型洞窟。至孝明帝正光五年（524年）止，前后60余年。

第五窟、第六窟是一组统一设计、建造的双窟，窟前建有两座四层木构楼阁。第五窟窟内佛像高17.4米，是云冈石窟最大的雕像。

第九窟至十三窟合称"五华洞"，洞中雕饰绚丽，蕴藏丰富艺术瑰宝。

第十四窟雕像多已风化。第十五窟雕有一万余尊小佛坐像，人称万佛洞。崖壁上为了承载窟檐而开凿的方洞，在木质窟檐腐化后，只留下一个个孔眼。

七窟、第八窟也是一组双窟，窟前建有三层木构窟檐。

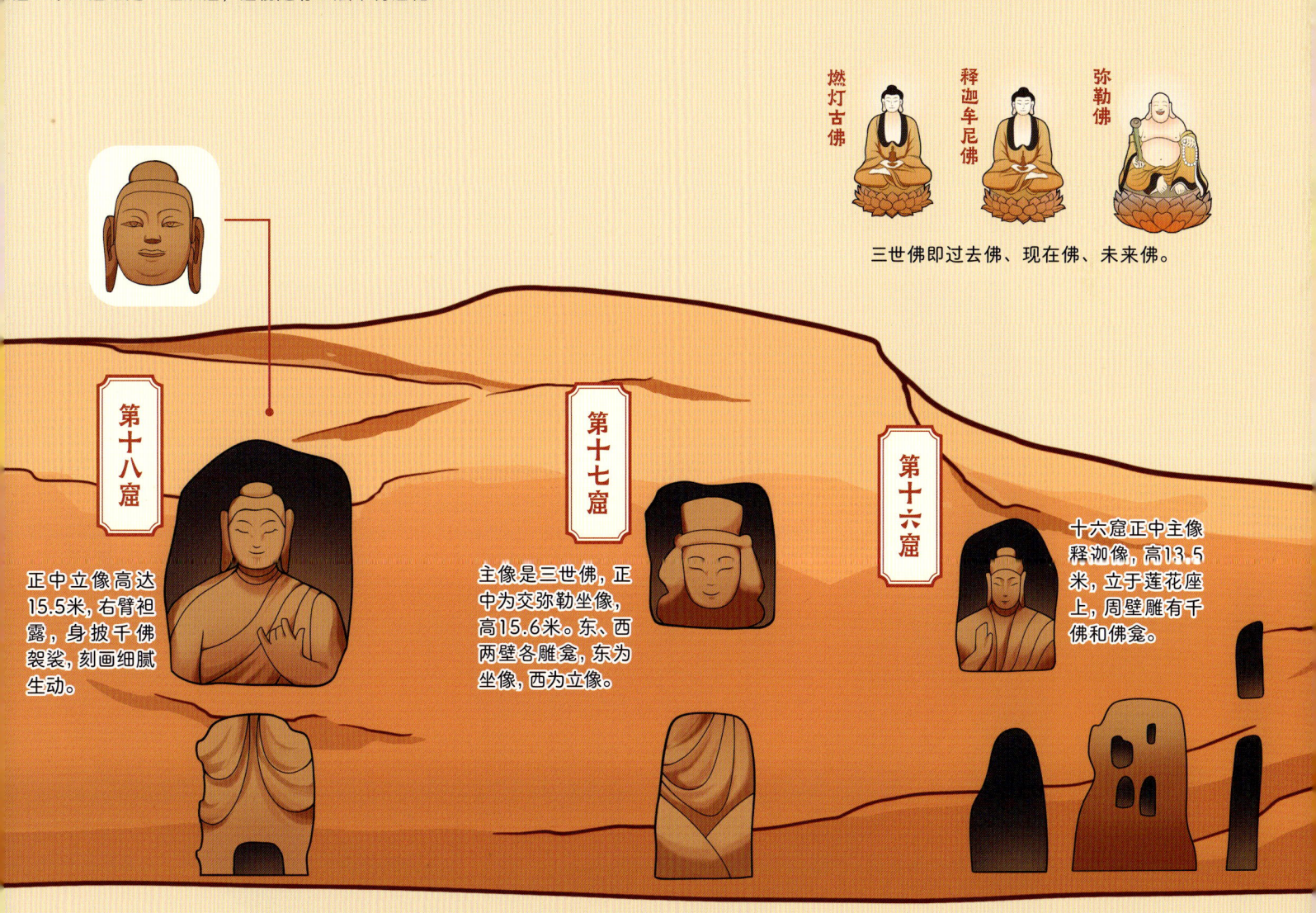

燃灯古佛　释迦牟尼佛　弥勒佛

三世佛即过去佛、现在佛、未来佛。

第十八窟
正中立像高达15.5米，右臂袒露，身披千佛袈裟，刻画细腻生动。

第十七窟
主像是三世佛，正中为交弥勒坐像，高15.6米。东、西两壁各雕龛，东为坐像，西为立像。

第十六窟
十六窟正中主像释迦像，高13.5米，立于莲花座上，周壁雕有千佛和佛龛。

入选时间：2003 年 ｜ 自然遗产 (vii)(viii)(ix)(x)

云南三江并流保护区

云南三江并流保护区是中国乃至全世界生物多样性最丰富的地区之一，这里的高山、峡谷和地貌类型也是世界最好的代表。

石月亮

在怒江西边的高黎贡山上，有一面山峰穿了一个洞。石洞的形状犹如高挂天空的月亮，因此被称为"石月亮"。傈僳族是其中一个生活在怒江沿岸的少数民族，传说他们的祖先就生活在石月亮里。

三江并流

云南三江并流保护区位于云南省西北部，分为 8 个不同的保护区。三江并流中的"三江"实际上是指金沙江、澜沧江和怒江。这三条大江并行奔流，互不相交，形成了独特的地理环境。

埋在沙里的水果：黄果

奔子栏镇坐落在金沙江边上，是中国古代重要的贸易通道"茶马古道"的必经之处。当地的村民常常把一种叫"黄果"的水果埋在地底下。黄果原本生长在树上，看起来像一个个"皱巴巴"的橘子。把果子埋在沙地里，能让果子熟得更快，吃起来更甜。

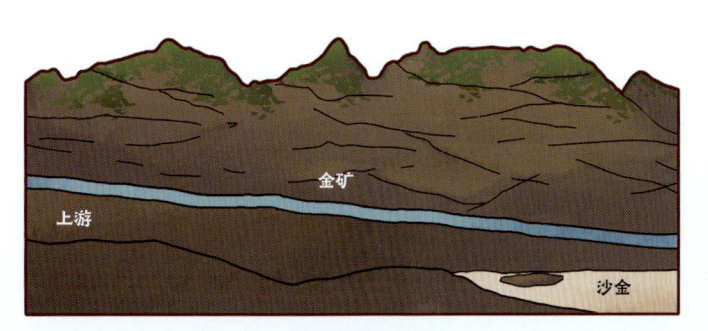

金沙江的秘密

在金沙江的上游有一个金矿。一些露出地面的金矿石受到河水和风的作用，有的变成了泥土，有的汇入溪流，矿石中的"黄金"成分也随之沉淀在水中，形成了像金子般发光的沙石，俗称"沙金"。金沙江因为河水中含有大量的沙金而得名。

金沙江大拐弯

金沙江、澜沧江和怒江的源头都是青藏高原，但比起另外两条大江，金沙江却更加弯曲，流经云南省石鼓村时，突然180度地"大拐弯"，向东流去，成为了长江的一部分。
金沙江的大拐弯被称作"金沙江第一湾"，属于典型的河谷地貌，远看就像一个倒过来的"Ω"字形。

滇金丝猴

滇金丝猴是中国特有的珍稀灵长类动物，生活在三江流经的横断山脉地区海拔2500米以上的高寒森林里。它们的面部也有笑肌，可以和人类一样表现喜怒哀乐，红红的厚嘴唇相当惹人喜爱，于是当地人给它们取了个可爱的名字——"雪域精灵"。

江边百姓的"炼金术"

生活在江边的人们一直传承着一种能把沙石头变成金子的手艺——淘金。淘金一般在河流水位最低的时候进行。人们会先把金沙江里的沙石捞起来，放到淘金床里，挑走大的沙石，将细小的沙石冲入淘金盆里，然后在河水中有技巧地摇晃淘金盆，直到出现小小的黄金粒。

在江水中有技巧地摇晃　　在淘金床上进行筛选　　陶金盆　　黄金粒

手工晒盐

村民会用木桶从盐井中取出卤水，然后背到江边，倒入盐田里，让阳光蒸晒。盐水蒸发后，就能得到一颗颗晶莹剔透的盐。

盐水蒸发结晶

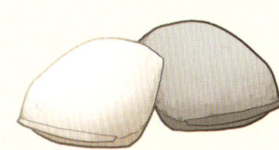

白盐和红盐
由于地理和土壤的差异，澜沧江有两种颜色不一样的盐。澜沧江的东边产白盐，澜沧江的西边产红盐。

盐井

澜沧江有着丰富的卤水资源。在距离西藏芒康县120千米的江边，分布着许多天然盐田，那里是世界上唯一一个仍然以手工方式晒盐的地方，已有1300多年历史。

入选时间：2004 年 ｜ 文化遗产 (i)(ii)(iii)(iv)(v)

高句丽王城、王陵及贵族墓葬

高句（gōu）丽（lí）王城、王陵及贵族墓葬是消失的"高句丽文明"的特殊见证，是人类创造和智慧的杰作，展现了人类创造和自然的完美融合；里面的碑文和墓画反映了中国独有的壁画艺术风格；布局和建筑形式对后来的城市规划和文化建设影响深远。

高句丽是存在于公元前 1 世纪至公元 7 世纪的中国古代边疆政权，地跨今中国东北地区与朝鲜半岛北部。南北朝时期改称"高丽"，然而与公元 10 世纪建立的高丽（又称王氏高丽）并无继承关系。

五女山山城
五女山山城，又称纥升骨城，坐落在辽宁省桓仁满族自治县内，是高句丽民族所建立的第一个王城。平均海拔八百多米，南北两端凹陷延伸，中端隆起，远看像一只"短靴"。

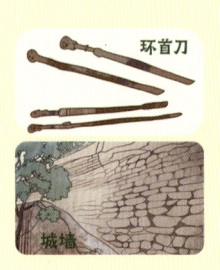

环首刀

城墙

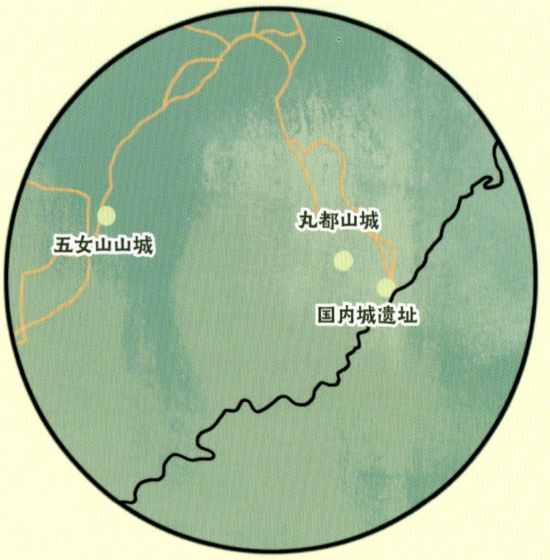

国内城
国内城位于现今吉林省集安市，是高句丽民族所建立的第二个王城。（它和丸都山城的建筑规模比五女山山城的大，也较为复杂）。

忍冬纹瓦当 　瓦当

三大王城地理位置

出土瓦当

屋檐大量使用"瓦当"进行排水防水和美化屋面轮廓。已发掘的瓦当图案有卷云纹、莲花纹、忍冬纹和兽面纹。

丸都山城
丸都山城是高句丽民族所建立的第三个王城，同样位于现今吉林省集安市。它与国内城相互依附，依山形而建，形成了世界王都建筑史上少有的复合式王都的新模式。

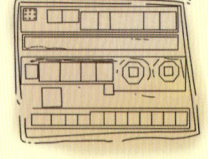

丸都山城遗址

山城内建有城墙、王宫、兵营、瞭望台等富有军事色彩的建筑群，出土了数百件珍贵的历史文物，如陶器、铜币、甲衣、短兵器等。
城墙的石材以大头小尾的"楔形石"为主，能减少外向张力，避免坍颓。这种石材加工和砌筑方法在当时是独具创新的。

陶罐

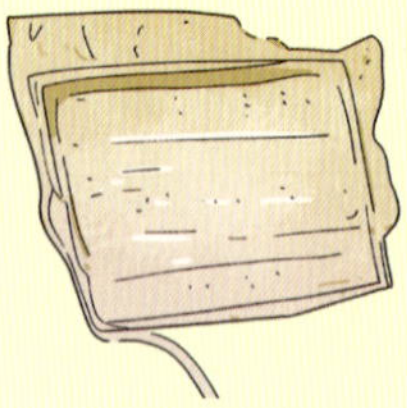

宫殿整体呈现不规则四边形，建有较为完备的石砌排水沟系统，在当时来说是十分先进的。

四边形排水系统　宫殿平面图

五女山

将军坟

被誉为"东方金字塔"的将军坟是高句丽第二十代君主长寿王的陵墓，高达7层，总高度超12米，外观呈截尖方锥形，顶部是一块完整的盖棺石，重达50多吨。经由1100余块巨型花岗岩堆砌而成。这样的规模在古代纯石质建筑中是十分罕见的。

将军坟外观

墓顶盖棺石

石块堆砌原理

巧妙的是，陵墓不需要任何一根柱子就能搭建起来。因为每块巨石的边缘上都有一条凹槽，而上层的石块边缘有凸起长条刚好能嵌在凹槽之中，再以"金字塔"的形式层层堆叠，这样石块就能被固定下来。

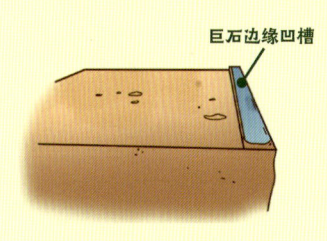

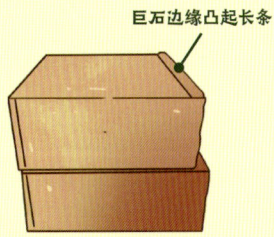

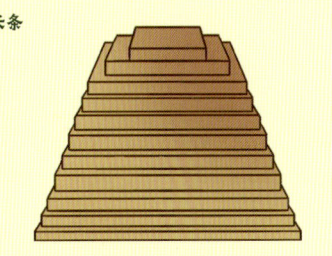

巨石边缘凹槽　　巨石边缘凸起长条

石块的运输

在缺乏运输和起重工具的一千多年前，古代工匠通过冰上运输、滚木、填土斜坡等方式，将每块重达数吨的石头从采石场运到这里，再一块块垒砌上去，工程可谓浩大艰巨。

葬俗

古时候的高句丽人极度重视丧葬，认为死后的世界也是人生的重要内容。历代君主不惜花光所有金银财币去营建自己的陵墓，因此造就了这些宏伟壮观的王陵和贵族墓葬群。

墓画之美

除了建筑技巧，陵墓内大量的王室贵族壁画也见证了高句丽民族的艺术成就。在前期，壁画的主题大多围绕狩猎、伎乐等日常生活，而到了后期，则以张牙舞爪的神灵和怪物为主。

高句丽狩猎图壁画

白虎图 五盔坟 四号墓

太王陵

太王陵是高句丽第十九代君主好太王的陵墓，为大型积石墓，它和将军坟最具代表性。内部由石圹和石室组成，外部绝大部分是方坛阶梯式搭建。

好太王碑

好太王碑立于太王陵东侧，是世界上现存最大的碑文石碑之一，叙述了好太王在位21年的伟绩及遗训，但其中141字已脱落且无法修复。

太王陵

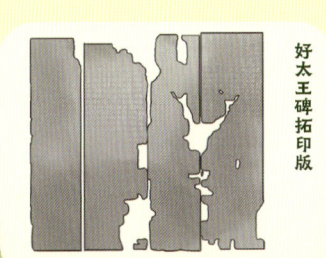

好太王碑拓印版

入选时间：2005 年 | 文化遗产 (ii)(iii)(iv)(vi)

澳门历史城区

澳门历史城区仍保留着葡萄牙和中国风格的古老街道、住宅、宗教和公共建筑，它们不仅是卓越的建筑范例，同时也见证了东西方美学、文化、建筑和技术影响力的交融。在国际贸易蓬勃发展的基础上，此城区是中西方交流最早且最持久的特殊见证。

文物布局图

澳门历史城区共有 30 个文物景点，包括 22 座古建筑和 8 个广场前地，是中国现存历史最长、规模最大最完整的中西合璧历史城区。

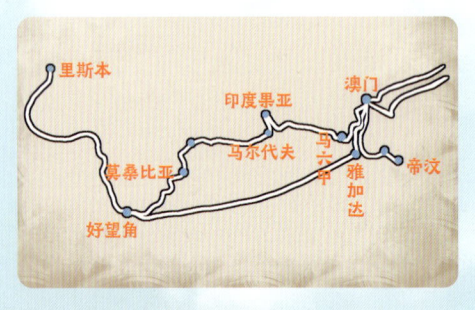

海上丝绸之路的中转站

14 世纪下半叶，明朝政府开始实行"海禁"（禁止海外贸易）。而澳门作为唯一的海上贸易中转站，开放了 3 条航线：澳门—日本、澳门—菲律宾—墨西哥、澳门—葡萄牙，吸引大量葡萄牙商人进入澳门通商贸易。

蓝色区域为核心历史城区
红色区域为侨民社区

西洋建筑风格的传入

为进行更好的管辖，明朝政府于 1582 年对居住在澳门的葡萄牙人划分了"侨民社区"，葡萄牙人在特定的城区内盖房子、修教堂，将葡萄牙本土建筑风格带入中国，澳门也因此成为了近代西洋建筑传入中国的第一站。今天的澳门历史城区就是它的核心部分。

代表性文物建筑

大三巴牌坊 大三巴牌坊，中国第一座巴洛克式建筑，其实是圣保禄学院的附属教堂，当时被中国人称为"三巴寺"。1835 年的一场大火使学院和附属教堂烧毁得只剩下正面前壁，人们认为它的形状像中国传统牌坊，故取名"大三巴牌坊"。

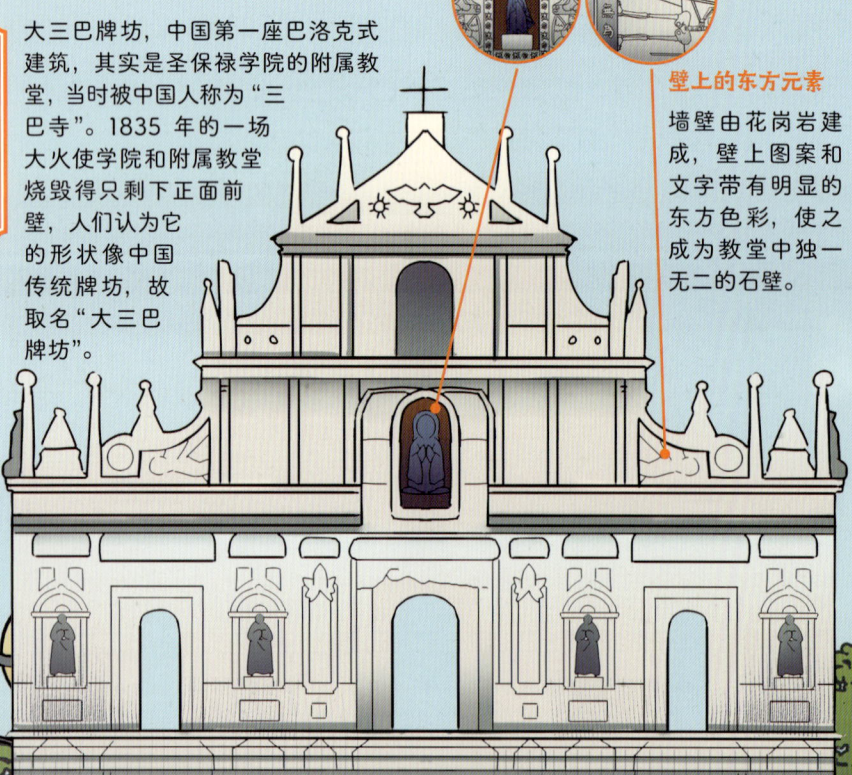

壁上的东方元素 墙壁由花岗岩建成，壁上图案和文字带有明显的东方色彩，使之成为教堂中独一无二的石壁。

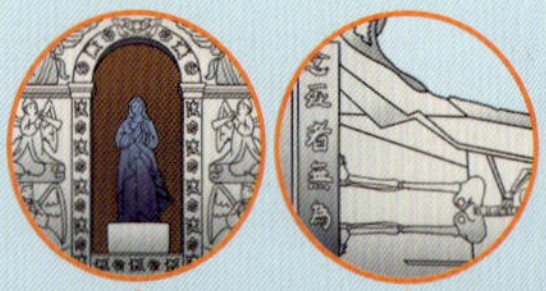

妈祖庙 入口是花岗岩石牌，其门楣顶部是飞檐，装有绿色宝珠和鳌鱼，建筑充满闽南特色。

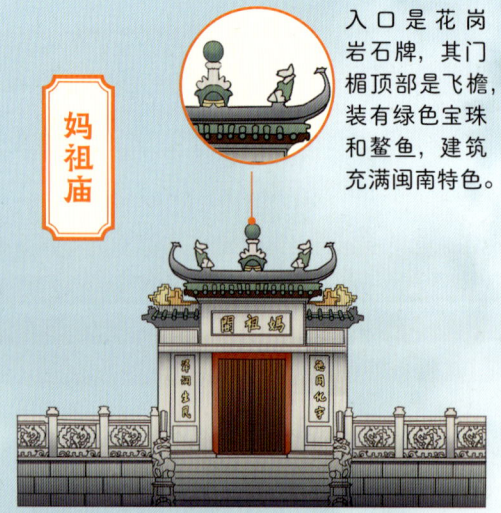

妈祖庙，俗称妈阁庙，是一座奉祀海神妈祖的庙宇，具有悠久的历史和极高的文物价值。大部分学者认为，在葡萄牙人定居澳门前，妈祖庙就已经存在。

大三巴牌坊宽 23 米，高 25.5 米，从下至上可分为五层，其中第三层的浮雕装饰最为丰富，有天使、怪物、魔鬼、圣母，甚至有中国舞狮造型的狮子。

东望洋炮台

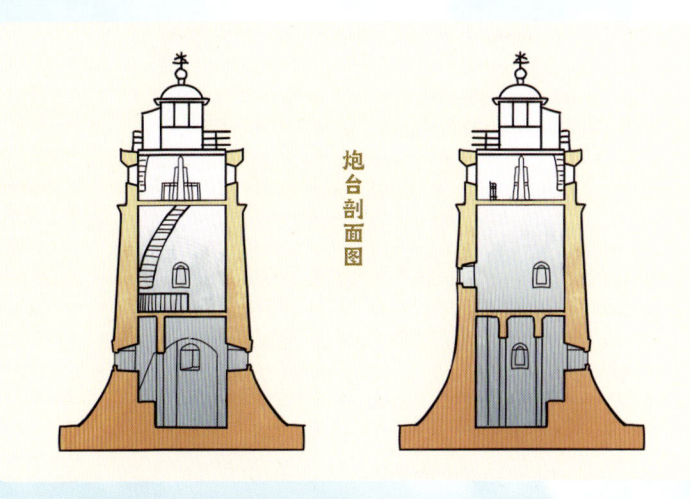

炮台剖面图

建于 1622 年的东望洋炮台位于澳门半岛的东望洋山山顶，原为军事重地，自 1976 年葡萄牙军队撤退后便成为了旅游景点。它包含圣母雪地殿教堂和灯塔两座建筑物。

炮台上的灯塔是中国海岸第一座圆柱形现代灯塔，典型的葡式风格，内有一条旋梯通往塔顶。塔顶设有巨型射灯，用来传递台风消息。

历史名人与澳门

传教士 利玛窦

利玛窦，意大利籍天主教神父、传教士，是西方科学知识和天主教的重要传播者。他在 1582 年到达澳门并开始学习近代汉语，后移居北京，先后翻译了多部西方科学著作，更与罗明坚神父合编了《葡华字典》。

葡挞源自英国

人们普遍认为澳门的葡挞是由葡萄牙人引进的，实际上是由一位英国甜点师安德鲁·斯托约在 1989 年偶然间发明而来——葡式蛋挞和英式蛋挞相结合，自此葡挞成为了澳门最受欢迎的小吃。

教堂旁有座"圣物宝库"，里面存放了三百多件澳门天主教艺术珍品，包括银器、丝绣法衣等。

玫瑰堂

镜湖侠医 孙中山

中国民主革命先驱、政治家孙中山曾与澳门有着密切关系。1892 年，他到澳门镜湖医院担任义务医席，积极推广西医治疗并开设"中西药局"，成为了澳门首位华人西医。

玫瑰堂原为天主教多明我会的传教中心，也是该会在中国建立的第一所西式教堂。整座教堂建筑富丽堂皇，是典型的巴洛克风格。

郑家大屋

思想家 郑观应

广东香山县人，中国近代著名思想家和实业家，曾居住在澳门，其代表作《盛世危言》使他成为"走进近代商战思想第一人"。

"郑家大屋"于 1881 年建成，由多座不同风格的建筑组成，融合了中西文化的特点，是澳门少有的家族式建筑群。

入选时间：2006年 | 自然遗产(x)

四川大熊猫栖息地

四川大熊猫栖息地面积9245平方公里，目前全世界30%以上的大熊猫都生活在那里，包括邛崃山和夹金山的七个自然保护区和九个景区，是全球最大、最完整的大熊猫栖息地。这里也是小熊猫、雪豹及云豹等严重濒危动物的栖息地。栖息地还生长着1000多个属种的5000多种植物。

始熊猫

大熊猫的祖先是始熊猫，是一种肉食性猛兽。

外形特征

- 体形肥硕、头圆尾短
- 身长：1.2~1.8米
- 体重：80~120千克

臼齿与桡侧籽骨

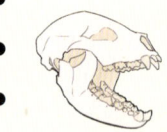

大熊猫的臼齿发达，是食肉目动物中最强大的，咀嚼面特宽大，大致呈长方形。

大熊猫的爪子除了五趾外还有一个"拇指"。这个"拇指"其实是一节腕骨特化形成，学名叫做"桡侧籽骨"，主要起握住竹子的作用。

大熊猫的名字由来

大熊猫古时多叫白熊，也叫花熊。西方世界认识它后，最初定名猫熊，但在西方的"猫熊"译名传过来时，由于中文从左到右的认读方式误看作"熊猫"，之后便一直沿用至今。

大熊猫的食物

箬竹　　矢竹　　实竹子　　冷箭竹

采食顺序

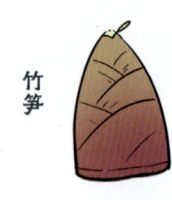

竹笋　　嫩竹　　竹秆

生活环境

大熊猫是喜湿性动物，喜欢温凉潮湿的环境。这些地方森林茂盛，竹类生长良好，气温相对较为稳定，隐蔽条件良好，食物资源和水源都很丰富。坳沟、山腹洼地、河谷阶地等，一般在20°以下的缓坡地形。

卧龙山

卧龙山被誉为"熊猫之乡"，地势高气候湿润，竹类生长繁盛，这里分布的大熊猫约占全国总数的10%。

小熊猫　雪豹

大熊猫博物馆

中国唯一一座只展览大熊猫的博物馆，向参观者展示大熊猫的喂养、繁衍、保护等全方位的研究成果。

熊猫的生活习性

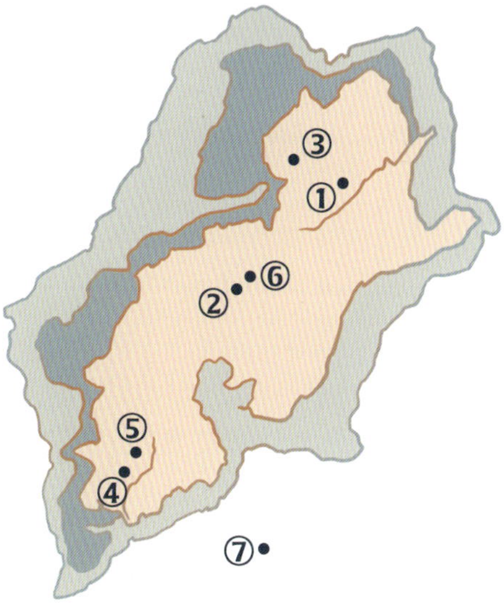

繁殖

大熊猫繁殖期为 8~9 月，每次产下 1~2 只幼崽，重 85~142 克。幼崽约 50~60 天后睁眼，75~80 天后能够爬行，以母乳为主要食物来源，与母亲一同生活约 18 个月 ~2 年后离开。

吃 50%

因竹叶热量低，熊猫每天要花大量时间进食（平均每只大熊猫每天吃掉 9 至 14 千克的竹叶）。

睡 50%

除去一半进食的时间，大熊猫剩下的一半时间多数便是在睡梦中度过，以免过多地消耗能量。

"熊猫眼"

大熊猫长期生活在深山密林中,天生一副"近视"眼，视力非常差。

"肉食动物"

由于祖先始熊猫是食肉动物，大熊猫虽然平时爱吃竹叶，但它们有条件仍然会吃肉。

寿命

熊猫一岁相当于人类三岁，野生熊猫寿命一般为 15 至 20 岁，而饲养熊猫可达 30 岁以上，史上最长寿熊猫有 38 岁。

大熊猫七个自然保护区的分布

①卧龙自然保护区：主要保护大熊猫及森林生态
②蜂桶寨自然保护区：主要保护大熊猫
③四姑娘山自然保护区：主要保护高山生态系统
④喇叭河自然保护区：主要保护大熊猫、牛羚等
⑤黑水河自然保护区：主要保护大熊猫
⑥金汤孔玉自然保护区：主要保护珍稀动植物
⑦草坡自然保护区：主要保护大熊猫

气味标记

大熊猫会将肛周腺体的分泌物涂在树桩、地上，以及它们经常路过之处，通过气味标记进行交流、求偶、宣告领地等。

入选时间：2006 年 | 文化遗产 (ii)(iii)(iv)(vi)

殷墟

考古遗址"殷墟"见证了中国青铜时代文化、工艺和科学的黄金时期。出土的王陵、宫殿是中国后期宫殿建筑和皇家陵墓群的原型，大量工艺精美的陪葬品也体现了商代手工业的先进水平。被发现的甲骨文字对于证明中国古代信仰、社会体系以及汉字的发展有着不可估量的价值。

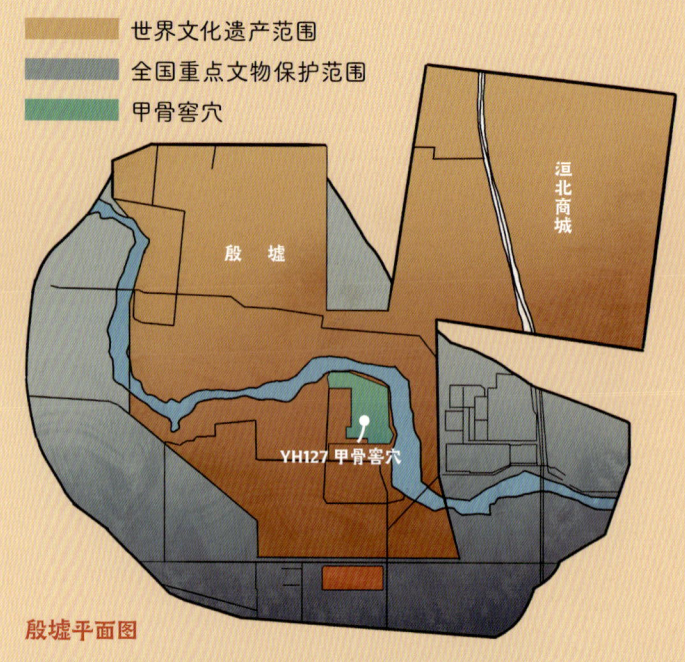

世界文化遗产范围
全国重点文物保护范围
甲骨窖穴

殷墟平面图

殷墟，古称"北蒙""邑商"，是中国青铜时代第二个王朝商朝晚期（前 1300 至前 1046 年）的都城。遗址分布在河南省安阳市洹河附近，已有 3300 年的历史。

YH127 甲骨窖穴

殷墟的宫殿宗庙区有许多甲骨窖穴，出土的甲骨数量接近 15 万片（多为龟腹甲和牛肩胛骨），其中贡献最大的是"YH127 甲骨窖穴"。自 1936 年，出土于此的甲骨超过 17000 片，内容涉及商代社会生活的方方面面，被誉为中国古代最早的"档案库"。

最早的文字系统：甲骨文

考古学家从出土的甲骨上发现了 4500 多个单字。这些被称为"甲骨文"的文字刻录了商朝时期帝王与贵族的占卜内容。甲骨文已成为中国最早成系统的文字形式，也是世界四大古文字之一。目前，只有约 1500 个甲骨文单字能被完全识别出来。从字形来看，甲骨文奠定了现代汉字结构的基本形态。

最大的青铜器：后母戊鼎

商朝有着高度发达的青铜文化。在殷墟出土的青铜器种类繁多，最具代表性的是出土于妇好墓的"后母戊鼎"。它高 133 厘米，重 875 千克，轮廓方直，是至今世界上发现的最大的青铜礼器。

金文
甲骨文
现代楷书

后母戊鼎的细节（饕餮纹）

鼎身四周以精致的云雷纹为底纹，其上铸有生动的盘龙纹和饕餮纹。

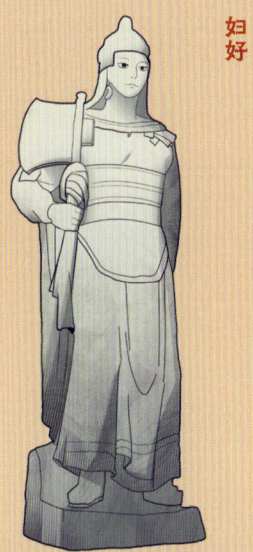

妇好

妇好是商王武丁的王后，也是中国历史上第一位女将军，帮助武丁将商朝推进了鼎盛时期。她的墓陵"妇好墓"于1976年被发掘，是殷墟里唯一保存完整的商代王室墓葬。

鸮尊

商朝人崇拜猫头鹰，许多出土的石器、青铜器都有所体现。在妇好墓内1928件陪葬品中，有一对外形像猫头鹰的青铜盛酒器，名为"鸮（xiāo）尊"。它高45.9厘米，身上布满各式花纹，被视为中国青铜器中的绝品。

玉戈

在殷墟的小型墓葬内存有大量小型玉兵器"玉戈"，长度一般在15至20厘米之间，刀身由玉打造而成，铜制的刀柄除了有精致的花纹，还镶有绿松石，是地位较高的贵族的专属陪葬品。

骨笄

殷墟中发现有许多用骨头来制作的装饰品，而"骨笄（jī）"是其中数量最多的一种用于束发的骨质发簪。在商朝，只有地位较高的贵族才会有雕刻精美的骨笄作为陪葬品，而奴隶只能用残断或未成形的骨笄束发。

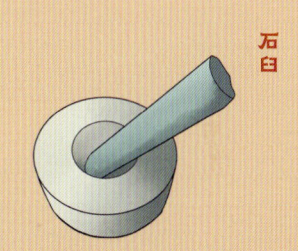

石臼

发掘的文物中有以各种石材制造的石臼。自商朝，中国人就开始使用"石臼"这种工具来捣碎、研磨食材。

车马坑平面参考（一车二马）

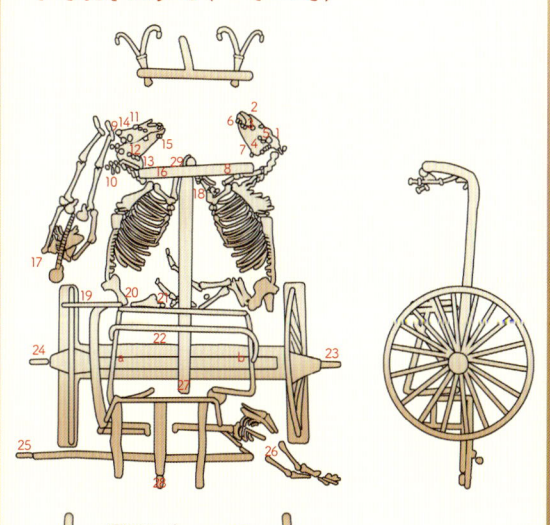

1、9.大铜泡　2、11.矢状铜泡　3、12.兽面铜泡　4、10、13.中铜泡　5、14.小铜泡　6、15.铜镳　7.蚌环　8、16.铜轭　17、18、29.弦纹铜泡（29在衡下）　19、20.铜衡饰　21.铜衡末饰　22.石锤　23、24.铜害与辖套头　25、26.铜害　27、28.铜踵　a、b.漆皮

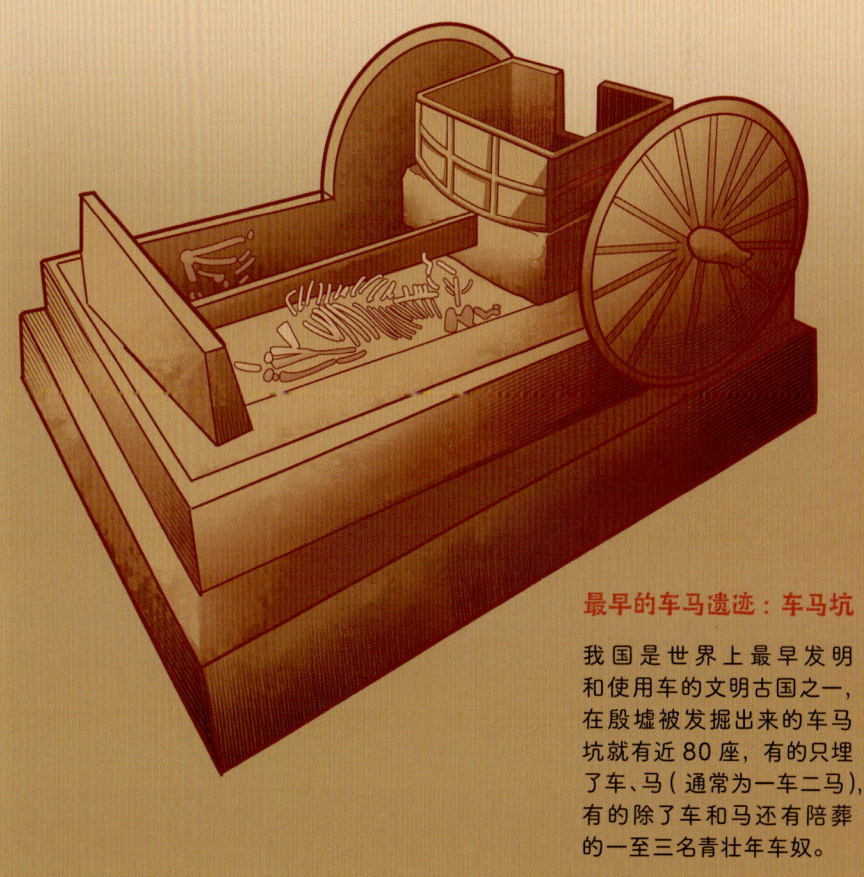

最早的车马遗迹：车马坑

我国是世界上最早发明和使用车的文明古国之一，在殷墟被发掘出来的车马坑就有近80座，有的只埋了车，马（通常为一车二马），有的除了车和马还有陪葬的一至三名青壮年车奴。

73

入选时间：2007 年　｜　文化遗产 (ii) (iii) (iv)

开平碉楼与村落

开平碉楼位于广东省开平市，是用于防卫的多层塔楼式乡村民居。19世纪末及20世纪初开平地区有大量的民众去到南亚国家、澳大利亚以及北美国家谋生活求发展。开平碉楼就是这些华侨回来后盖的房子，它展现了中西建筑和装饰形式复杂而灿烂的融合，也体现了散居国外的华侨与故土之间仍然紧密的联系。

收录的遗产包括四组共计20座碉楼，是村落群中近1800座塔楼的代表，这些建筑分为三种形式：由若干户人家共同兴建的众楼，为临时避难之用，现存473座；由富有人家独自建造的居楼，同时具有防卫和居住的功能，现存1149座；以及出现时间最晚的更楼，为联防预警之用，现存221座。也可分为石楼、土楼、青砖楼、钢筋水泥楼。

开平为什么会兴建碉楼？
① 地势低洼，常发生洪涝灾害
② 社会动荡，开平地区常有盗贼匪寇
③ 海外侨胞带回来资金和西方建筑材料技术

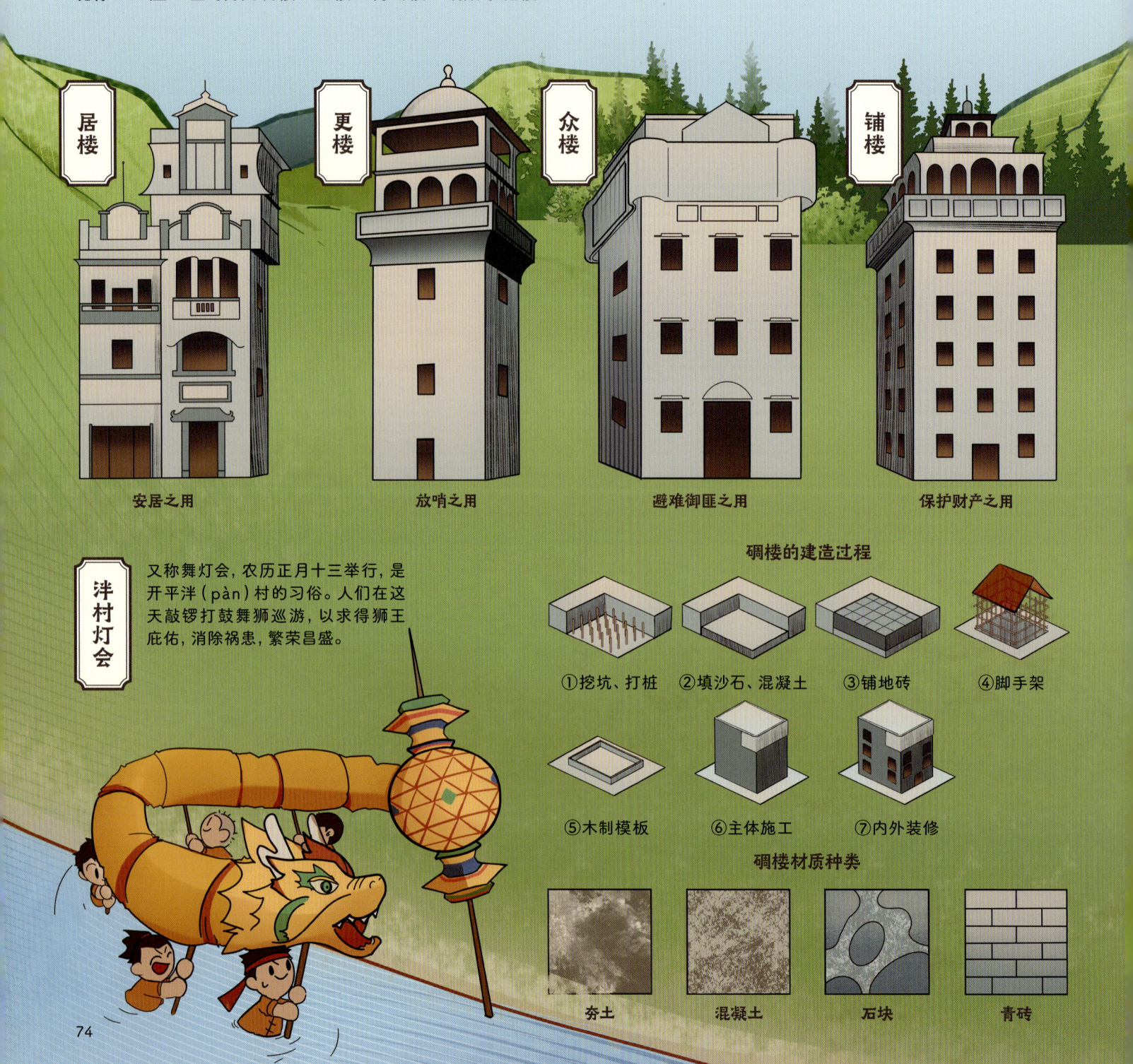

居楼 — 安居之用
更楼 — 放哨之用
众楼 — 避难御匪之用
铺楼 — 保护财产之用

泮村灯会
又称舞灯会，农历正月十三举行，是开平泮（pàn）村的习俗。人们在这天敲锣打鼓舞狮巡游，以求得狮王庇佑，消除祸患，繁荣昌盛。

碉楼的建造过程
① 挖坑、打桩
② 填沙石、混凝土
③ 铺地砖
④ 脚手架
⑤ 木制模板
⑥ 主体施工
⑦ 内外装修

碉楼材质种类
夯土　混凝土　石块　青砖

瑞云楼与南楼

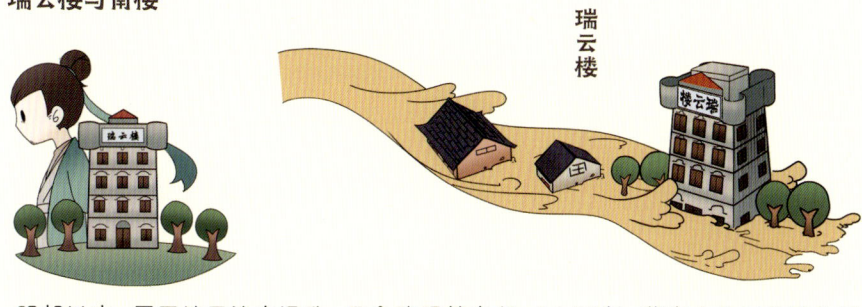

明朝以来,开平地区治安混乱,民众建碉楼自保。1644年,芦庵公的四儿子关子瑞在井里头村兴建瑞云楼。瑞云楼非常坚固,一旦有洪水或盗贼,村民就躲进楼里。1884年潭江大涝,村民因登上碉楼而全部活了下来。

瑞云楼

南楼

1921年,司徒氏人为防盗贼而建南楼。楼高7层,每层都有枪眼,第6层还设有机枪和探照灯。1922年,匪徒劫持开平中学,被南楼探灯照射,救回校长和学生17人。此事后海外华侨纷纷集资回乡建碉楼。

碉楼样式分类

传统式　复合式　外廊式　炮楼式　别墅式

碉楼强大的防御体系

建碉楼的主要目的和作用就是防匪。除了坚固的外壁、挑台和"燕子窝"等防御性建筑结构外,楼内还备有枪支弹药、土炮手雷等武器。

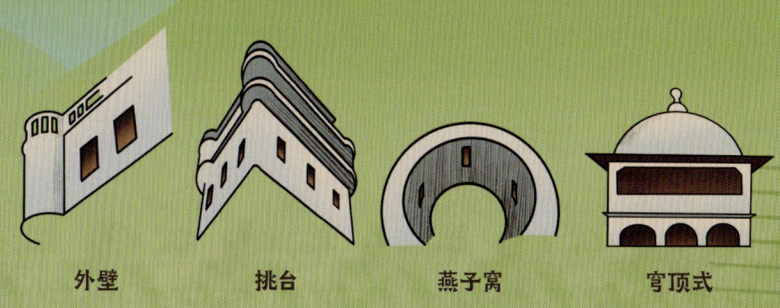

外壁　挑台　燕子窝　穹顶式

瑞石楼

开平碉楼中原貌保存最完好的一座碉楼,号称"开平第一楼"。顶部有三层亭阁,采用了拜占庭穹隆顶造型,中西合璧的建筑风格堪称典范。楼高九层,配备了各种防御措施。

迎龙楼

明嘉靖年间兴建,是开平现存最古老的碉楼,传统方式红砖碉楼,代表了开平碉楼的早期形态,是珍贵的历史文物。

入选时间：2007年、2014年 ｜ 自然遗产 (vii)(viii)

中国南方喀斯特

中国南方的喀斯特地貌是世界上最壮观的湿润热带和亚热带喀斯特景观之一。其中，云南的石林县有着世界公认的、最具参考价值的、最高等级的自然现象；贵州省荔波县的"锥体岩溶"和"塔状溶岩"独特而美丽，是世界级岩溶类型的参考点；重庆市武隆区的喀斯特地貌因其巨大的落水洞、天然桥梁和洞窟在 2007年入选了世界遗产。2014年，桂林、环江、施秉、金佛山也作为第二期喀斯特地貌加入遗产。

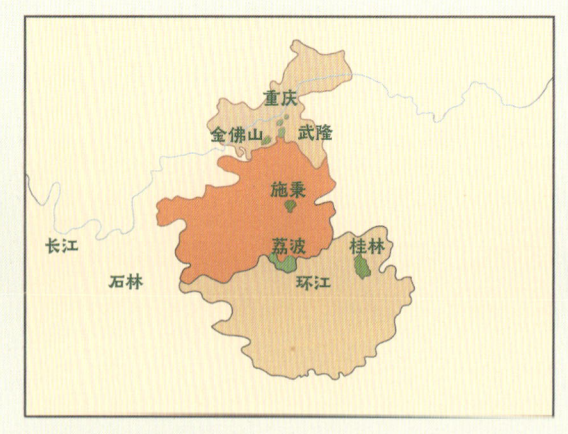

中国南方喀斯特分布

什么是喀斯特地貌

"喀斯特"是德语单词"Karst"的译音，原本是欧洲斯洛文尼亚的一个地名。19 世纪末，有一位叫 J. 斯维奇的地质学家来到了喀斯特，发现那里的石头是一种易溶于水的石灰岩，在流水作用下，能形成奇形怪状的石林、高低不平的峰丛、钟乳石和石笋密布的洞穴。后来，科学家们把这些奇特的岩溶地貌统称为"喀斯特地貌"。

喀斯特地貌的形成

"水流"是喀斯特地貌的发育动力，能把岩石溶解、切割出各种不一样的形状：

① 地上的河流溶蚀石灰岩，形成了峡谷、峰丛。
② 地上的河流从岩石的缝隙向地表下面渗流，超过 100 米后形成了落水洞。
③ 从落水洞流下来的地下水溶蚀了地下的岩石层，形成了地下洞穴、陷塘、天生桥。
④ 地壳运动，地下溶洞、天生桥被抬出地面，经过雨水长时间的冲刷，形成了石林。

南方喀斯特地貌的分布

南方喀斯特地貌主要分布在云南石林、重庆武隆和金佛山、贵州荔波和施秉、广西桂林和环江，包括多种不同的地貌形态，如塔状的、尖顶的和锥形的山石、峰丛、天然石桥、峡谷、洞穴等。

天坑

在广西环江、贵州荔波和重庆武隆，分布着一种形状像"漏斗"的喀斯特地形，俗称"天坑"。天坑是岩石长期受到地表水的溶蚀作用而发生塌陷，形成了中间凹陷下去的倒锥形洼地，底下一般连接着地下河。

天坑的形成因素

① 地表水溶蚀岩石裂缝
② 岩石往下坍塌
③ 四周形成封闭的洼地

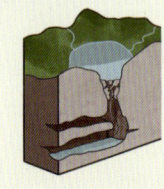

云南石林

在云南省昆明市石林彝族自治县里，有许多造型如刀似剑的山石。它们一座紧挨着一座，错落有致地汇集成林，因此被称为"石林"。云南的石林是世界上最奇特的喀斯特地貌，形成于2.7亿年前。

石林的形成过程：

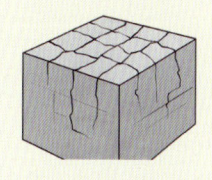

① 2.7亿年前，藏在海里的石灰岩露出水面，在海底里被海水"咬"出了各种裂痕。

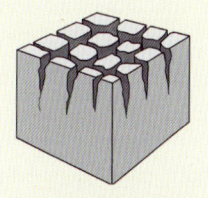

② 后来地壳抬升，"伤痕累累"的岩石被抬到了地面，被含有二氧化碳和有机酸的雨水长时间地冲刷、切割。

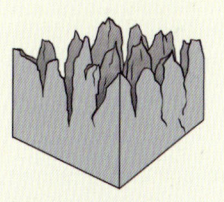

③ 最后岩石变成尖顶状的喀斯特地貌——石林。

荔波七小孔瀑布

常见的喀斯特地貌是岩石裸露的景观，但是在贵州省荔波县，贫瘠的石头都能长出树，形成了世界上面积最大的喀斯特原始森林。那里不仅有碧绿色的瀑布、河流，还孕育了丰富的动植物资源，人们称它为"地球绿宝石"。

桂林峰丛

峭壁上的真菌

广西桂林的喀斯特地貌以"奇"著称。岩石的缝隙中生长着大量的真菌，这些真菌对山腰和山脚的风化侵蚀起到了加速作用，加上桂林地区雨水丰沛，使得山顶部分绿草如茵、圆润如珠，山腰以下的地方却形成了怪石嶙峋的峭壁。

77

入选时间：2008 年　|　文化遗产 (iii)(iv)(v)

福建土楼

福建土楼建于 15 至 20 世纪期间，位于福建省西南部，分布在 120 多公里范围内，共包含 46 栋建筑物。这些土楼为土质建筑，通常为多层，建筑内沿为圆形或方形，每座土楼可供 800 人居住。土楼最初是为防御目的而建造，围绕中央的开放式庭院，只有一个入口，一楼以上方有对外侧的窗户。作为以土作墙而建造起来的集体建筑，土楼实际上成为了村寨，常常被称为"家族的小王国"或"繁华的小城市"。建筑内部纵向区分不同家庭，每户每层拥有两到三个房间。土楼体现了一种特定类型的公共生活和防御组织，并且提供了人类居住与自然环境和谐相处的典范。

福建土楼的演变

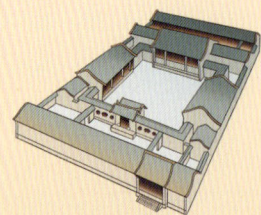

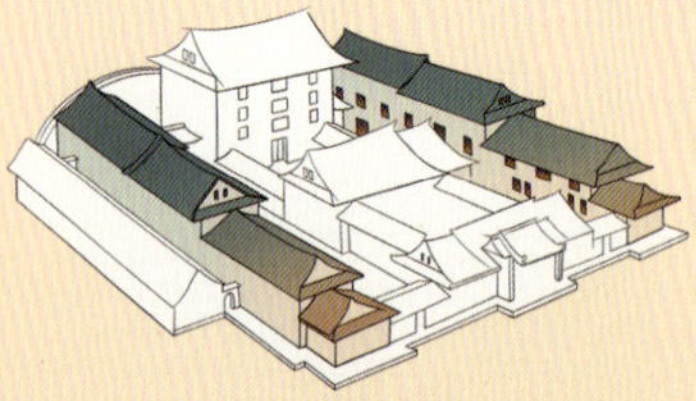

五凤楼
因其正立面形似五只凤凰而得名。两侧的横屋和中间三堂均被加高。

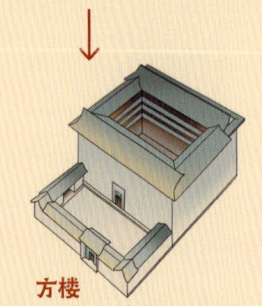

四合院
中原的"四合院"，无防卫功能，难以适应闽西盗匪横行、野兽出没的环境。

方楼
四周楼层再次加高，屋檐四角相连，防御升至满级。

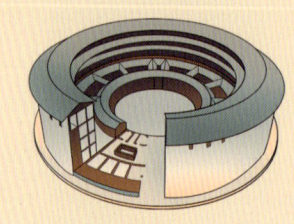

圆楼
方形变为圆形后，全方位闭合结构更为稳固，适应山地环境同等材料，能营造更宽敞的空间。

福建土楼的建筑特点

- 出檐极大的屋顶
- 朴实粗犷的夯土墙身，外墙厚 1~2 米 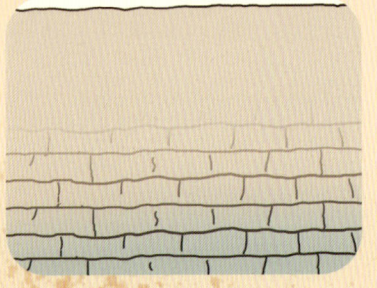
- 土楼的窗开在高处，越低窗越小 
- 大门是唯一的出入口 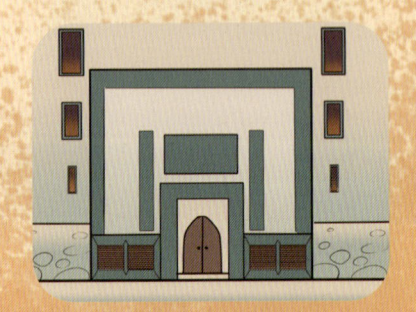
- 神秘的"S"形传声筒　小洞看不到室内，声音却可以传入 
- 强悍的自我防卫功能 

土楼的建筑结构（以龙见楼为例）

龙见楼是单元式圆楼的典型，建于清朝康熙年间，其外径 82.4 米，环周 52 个开间，外墙厚 1.7 米，只设一个大门，每个开间为一个独立的居住单元，单元之间完全隔断，互不相通。圆楼中央直径 35 米的内院是公共活动的空间，院中有一口三眼水井。

剖视图

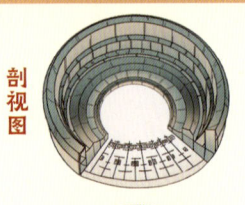

平面图

单元剖面图

二层平面图（卧房）

底层平面图（前廊、前厅、后厅、卧房）

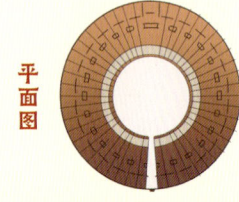

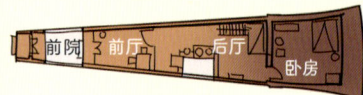

开间单元平面图

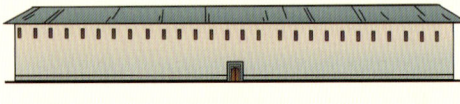

立面图

福建土楼的建造过程

放线
1. 定圆心
2. 立"杨公先师"(定中轴线)
3. 放墙基灰线
4. 定墙位轴线
5. 定门槛位置
6. 开挖基墙

打石脚(砌墙脚)
1. 垫墙基
2. 砌墙脚

行墙(筑土墙)
1. 支模
2. 放竹筋
3. 倒土
4. 夯筑
5. 修整
6. 拍平

献架(架木梁)
1. 竖立柱,架木梁
2. 安装木楼梯
3. 夯筑第二层土墙

出水(盖瓦顶)
1. 屋顶穿斗木构架
2. 架棚条,钉望板
3. 盖瓦
4. 凿窗洞

内外装修
1. 铺木楼板
2. 木栏杆
3. 木隔断,门窗安装
4. 铺地
5. 制作楼匾
6. 加设卵石台基
7. 加设石台阶
8. 祖堂装饰
9. 窗洞装饰

各种形状的土楼

厥宁楼　和贵楼　承启楼　锦江楼　道韵楼　齐云楼　泰华楼　裕昌楼

土楼之最

二宜楼
最早列入全国重点文物保护单位的土楼

齐云楼
最古老的双层椭圆形土楼

集庆楼
楼梯最多的土楼,共72个楼梯

环极楼
在天井喊话有巨大回音,号称"大地音响"

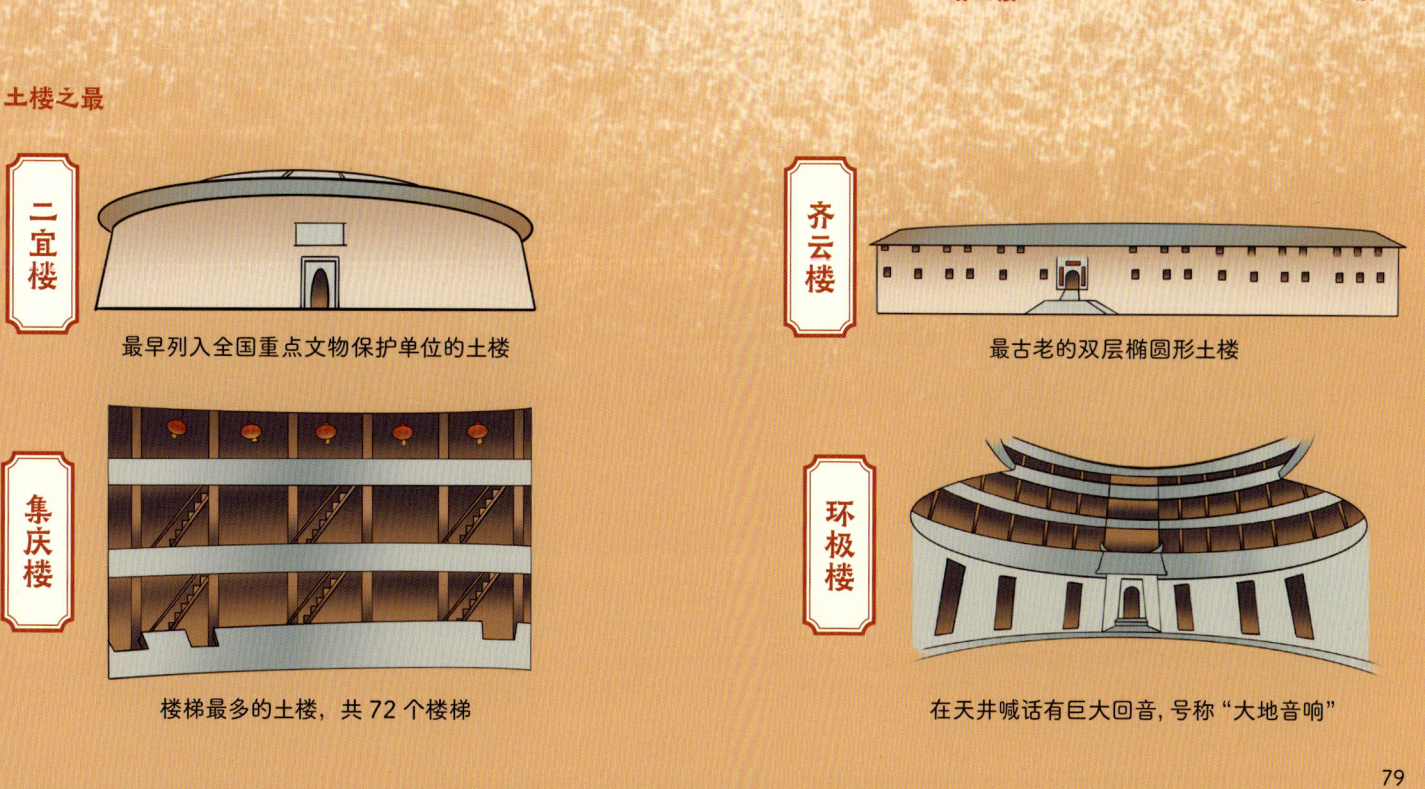

入选时间：2008年 | 自然遗产 (vii)

三清山世界地质公园

　　三清山（世界地质公园）位于江西省上饶市。玉京、玉虚和玉华这三座山峰列坐山巅，宛如道教里玉清、上清、太清三位最高尊神，因此得名"三清山"。

　　三清山以其独特的花岗岩石柱和山峰而闻名。栩栩如生的花岗岩造型和丰富的生态植被、远近变化不断的气候奇观相结合，创造了独一无二的景观效果，呈现了引人入胜的自然之美。

地貌特征

山地类型以山地和丘陵为主，海拔从200米到1800多米，地势落差较大。花岗岩是这里的主要岩体，形态多样，有石林、峰柱、石锥、岩洞等多种类型，记录了地球8亿年的地质演化历史。

花岗岩如何形成

花岗岩属火成岩，是地表深处的岩浆侵入到地壳后冷却而成的岩石，主要由石英、长石和云母这三种矿物组成，坚硬且耐侵蚀。

① 地表深处的岩浆侵入到地壳。
② 岩浆冷却，花岗岩体形成。
③ 地壳抬升，花岗岩体露出地表。

三清山女神与巨蟒的传说

相传，玉皇大帝的妹妹玉虚下凡到三清山，游览时受伤，后来爱上救了她一命的孟屹奇。玉皇大帝知道后，派乌龟精用法术将孟屹奇变成巨蟒，并压于山谷中。玉虚痛不欲生，不顾一切飞到孟屹奇身边，与他长相厮守。于是就有了"女神峰"和"巨蟒出山"这两大绝景。

司春女神

女神峰坐落在海拔 1500 米的山间，高 86 米。它的外形酷似一位秀发披肩的少女端坐于群山之中，世人认为这是仙女、春天的化身，因而称之为"司春女神"。

女神峰的形成过程

① 花岗岩体受到垂直和水平两种外力作用，产生了带有多组节理的峰柱。

② 在常年的风力和雨水的侵蚀下，峰柱被分割成两截，并受到了重力作用而逐渐崩塌。

③ 残余的花岗岩，顶部经风化作用，形成了石蛋；底部则经过融冻风化和寒冻风化作用，形成了石柱。

石蛋

石柱

巨蟒出山

坐落在女神峰对面的巨蟒出山，高达 128 米，顶部粗，中部略细，犹如一条蟒蛇破山而出。它同样是经过风化、流水侵蚀、重力崩塌等多种外力作用而形成。

道教的发源地

三清山是中国道教的发源地之一，以"三清宫"为代表的道教古建筑就有 238 处，被誉为"中国古代道教建筑的露天博物馆"。

三清宫

葛洪

三清山的道教文化开始于晋朝的炼丹术士、医学家葛洪。他在三清山结庐炼丹，著书立说，传播道教教义，成为了三清山道教的"开山始祖"。

搭乘"神七"上太空的珍稀物种

水丝梨，常绿乔木，是三清山特有的濒危植物，（种子）曾搭载"神舟七号"火箭，上太空进行培育。其他一起上太空的珍稀植物还有香楠、白檀、大叶冬青、红豆杉等，共计 25 种。

入选时间：2009 年 ｜ 文化遗产 (ii)(iii)(iv)(vi)

五台山

五台山坐落于山西省忻州市，它并非一座山，而是五座山峰群，分别为：东台望海峰、南台锦绣峰、西台挂月峰、北台叶斗峰、中台翠岩峰。五台山位列中国四大佛教名山之首，拥有自唐代以来七个朝代保存下来的以佛光寺东大殿为代表的寺庙建筑群，反映了自唐代以来中国各个时期佛教建筑艺术和技术特点，是研究中国古代佛教建筑艺术和技术的活标本。

起源

相传公元 68 年，天竺高僧摄摩腾、竺法兰从洛阳白马寺来到五台山，认为这里是文殊菩萨讲经说法的道场。于是他们在这里修建了第一所寺庙，供奉文殊菩萨。这座寺庙就是显通寺。

中国佛教四大名山

山西 五台山　　四川 峨眉山　　安徽 九华山　　浙江 普陀山

世界佛教五大圣地：（包含五台山）

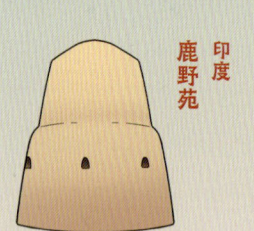

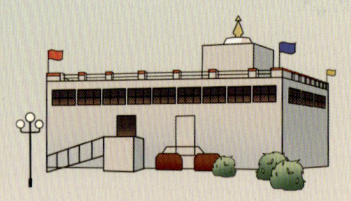

印度 拘尸那迦　　印度 菩提伽耶　　印度 鹿野苑　　尼泊尔 蓝毗尼园

塔院寺

塔院寺原来是显通寺的塔院，明代重修舍利塔后独成一寺，因院内有大白塔，故名塔院寺。耸入云天的大白塔，是塔院寺的主要标志。

殊像寺

殊像寺，因寺内供奉着文殊菩萨而得名，其最著名的建筑是文殊殿。大殿面宽五间，进深三间，重檐九脊歇山顶。

文殊菩萨

佛教四大菩萨之一，释迦牟尼佛的左胁侍菩萨，代表智慧。因德才超群，居菩萨之首。文殊菩萨的名字意为"妙吉祥""妙乐"。

南山寺

南山寺始建于元朝，寺院共 7 层，下三层名为极乐寺，中间一层为善德堂，上三层称佑国寺。寺内的石雕和泥塑堪称五台山一绝。

罗睺寺

罗睺（hóu）寺是五台山保存完好的十大黄庙（藏传佛教庙）之一和五大禅寺之一，寺内两幢木构小楼以接待十方客人而闻名。

跳布扎

每年农历六月初四至十五，五台山都要举行"跳布扎"的活动。整个五台山的喇嘛们都会头戴各种脸谱，口念护法经跳着金刚舞，在菩萨顶"镇魔"。

显通寺

显通寺，五台山规模最大、历史最悠久的寺院，与洛阳白马寺同为中国最早寺庙。其中的铜殿铸于明万历三十八年（1610年），共用铜10万斤，是中国国内保存最好的铜殿之一。

无量殿

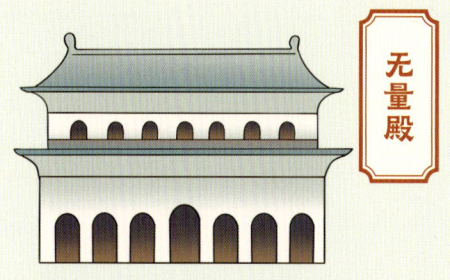

无量殿，高达21米，没用一根梁木，全用砖块砌成。外檐砖刻斗栱花卉，内雕藻井悬空，形似花盖宝顶，建造奇特。

金阁寺

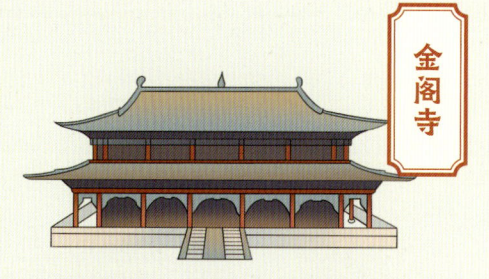

五台山金阁寺，于唐代宗大历元年（766年）由含光法师创建，为汉传密宗祖庭之一，为五台山塑像最多的寺院。

佛光寺

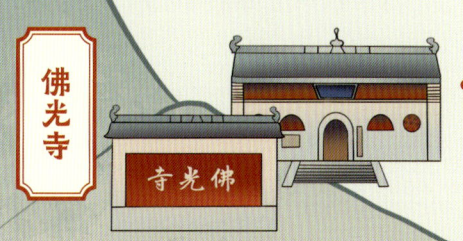

佛光寺历史悠久，有"亚洲佛光"之称。佛光寺的唐代建筑、雕塑、壁画、题记等，历史和艺术价值都很高，被人们称为"佛光四绝"。

东大殿

佛光寺正殿（东大殿）建于唐大中十一年（857年），是中国现代最早发现的唐代木结构建筑，被建筑学家梁思成称为"中国第一国宝"。东大殿采用梁柱木结构作为框架，以柱子承重，以榫卯固定接头，是一种柔性结构体系。房殿式屋顶，屋檐出挑近四米，殿身与屋顶之间的斗栱颇大，具有很好的结构作用和装饰效果。柱子向内倾，起到了稳定大殿的作用。

龙泉寺

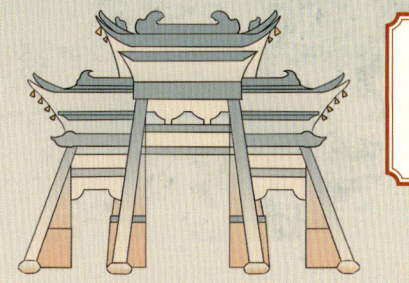

坐落在九龙岗环抱中，因寺侧有清泉而得名。最令人瞩目的是汉白玉的石牌坊，被誉为龙泉寺一绝。从基石到瓦顶，都精雕细刻而成。

菩萨顶

菩萨顶是五台山最大的喇嘛寺院，寺庙整体金碧辉煌绚丽多彩，是历代皇帝朝拜五台山时的行宫，具有典型的皇家特色。寺前有石阶一百零八级。

东南西北中台

东台：望海峰
海拔2795米，台顶曾建有望海楼。远望山形犹如一只站立的大象。

西台：挂月峰
海拔2773米，台顶平如掌，远望犹如一只翩翩起舞的开屏孔雀。

南台：锦绣峰
海拔2485米，与其他四座台顶区隔，另为一峰。远望山形，宛如一匹卧马。

北台：叶斗峰
海拔3061米，是五台山中的最高峰，世称"华北屋脊"。远望其山巅呈马鞍形。

中台：翠岩峰
海拔2894米，仅次于北台顶，为五大主峰之第二高。地形状如雄狮。

五台山之最

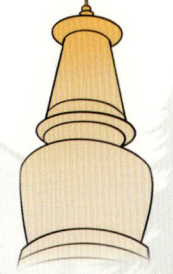

五台山最高的塔，塔院寺大白塔，高56.3米。

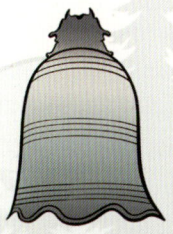

五台山最重的铜钟，显通寺幽冥钟，重9999.5斤。

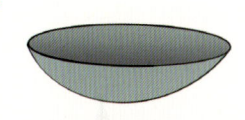

五台山最大的铜锅，菩萨顶大铜锅，锅口直径2米，高1.06米。

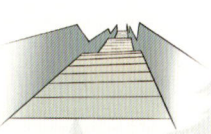

五台山最长的石台阶路，黛螺顶的大智路，1080阶全长508米。

入选时间：2010 年　|　文化遗产 (iii)(vi)

登封"天地之中"历史建筑群

登封"天地之中"历史建筑群位于河南省登封市的嵩山地区，这些建筑物历经了 9 个朝代，有超过 2000 年的历史，是中国时代跨度最长、建筑种类最多、文化内涵最丰富的古代建筑群。

- **什么是"天地之中"**
- "天地之中"，意思是天和地的中心。
- 古代人认为登封是天下的中心，所以中国早期的封建王朝和儒学、佛学、道教、天文学等中华文明都在这里建起了"核心基地"。

武则天嵩山封禅

武则天是中国历史上唯一的一位女皇帝。公元 696 年，武则天登上嵩山，完成了祭祀天地的封禅大礼，并给嵩山脚下的嵩阳县改名为"登封"。

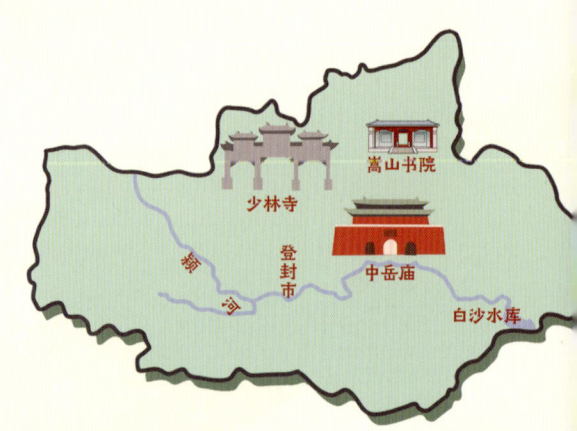

登封的历史建筑群古代建筑中用于祭祀、科学、技术及教育活动的最佳典范之一，不仅以不同的方式展示了"天地之中"的概念，还体现了嵩山作为宗教中心的力量。

天下武功出少林

少林寺

少林寺与佛教有着密不可分的关系。公元 495 年，北魏孝文帝元宏为了安顿来自印度的高僧，叫人在少室山的丛林中兴建一座寺庙，并取名为"少林寺"。自此，许多重要的佛教活动都在少林寺里进行。

少林功夫的起源："十三棍僧救唐王"

俗话说"天下武功出少林"，这是源于"十三棍僧救唐王"的故事。王世充谋反，在洛阳围困了李世民。少林寺正好在王世充的地盘上，寺里 13 位会武功的和尚拿起木棍，跑去救出被困的皇帝。皇帝为了答谢这 13 名武僧，赐予他们特权，还安排将士们去少林寺学习武术。少林寺从此变成了中国功夫的"代言人"。

少林功夫

少林寺塔林

在少林寺的西边，有241座用砖石搭建的塔。这些石塔的高度都在15米以下，形状各异，粗细不一，形成了一片"塔林"。这片塔林其实是少林寺和尚的墓地。从唐朝开始，寺里有成就的和尚都会被安葬在塔里。

观星台

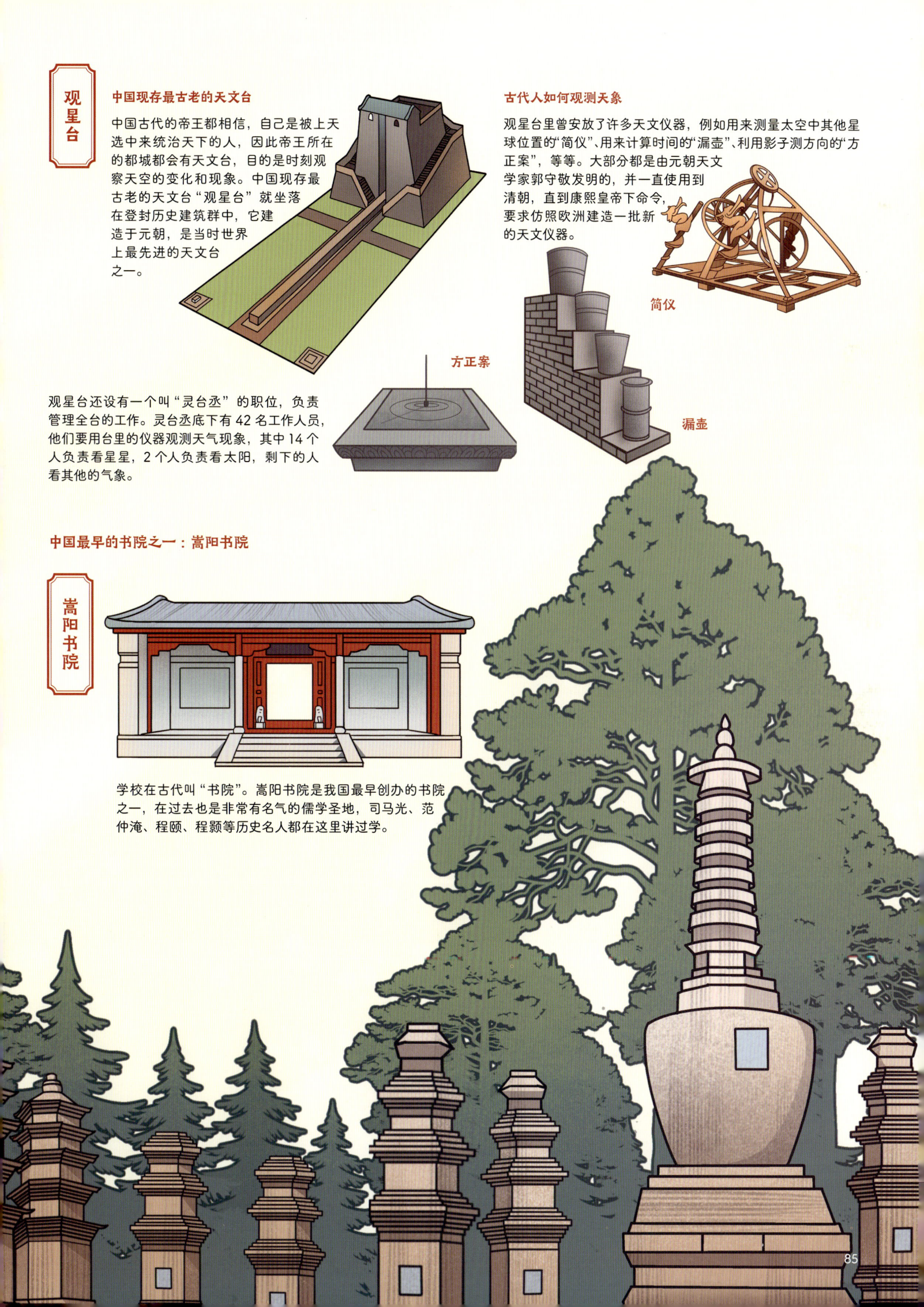

中国现存最古老的天文台

中国古代的帝王都相信，自己是被上天选中来统治天下的人，因此帝王所在的都城都会有天文台，目的是时刻观察天空的变化和现象。中国现存最古老的天文台"观星台"就坐落在登封历史建筑群中，它建造于元朝，是当时世界上最先进的天文台之一。

古代人如何观测天象

观星台里曾安放了许多天文仪器，例如用来测量太空中其他星球位置的"简仪"、用来计算时间的"漏壶"、利用影子测方向的"方正案"，等等。大部分都是由元朝天文学家郭守敬发明的，并一直使用到清朝，直到康熙皇帝下命令，要求仿照欧洲建造一批新的天文仪器。

简仪

方正案

漏壶

观星台还设有一个叫"灵台丞"的职位，负责管理全台的工作。灵台丞底下有42名工作人员，他们要用台里的仪器观测天气现象，其中14个人负责看星星，2个人负责看太阳，剩下的人看其他的气象。

中国最早的书院之一：嵩阳书院

嵩阳书院

学校在古代叫"书院"。嵩阳书院是我国最早创办的书院之一，在过去也是非常有名气的儒学圣地，司马光、范仲淹、程颐、程颢等历史名人都在这里讲过学。

入选时间：2010 年 ｜ 自然遗产 (vii)(viii)

中国丹霞

中国丹霞是一个雄伟且独特的自然景观。红色的砾岩和砂岩所形成的山峰、柱子、悬崖、峡谷与森林、河流和瀑布对比鲜明，具有极好的景观美学价值、地球科学价值和生态学价值。这里分布着各种各样发育良好的红层地貌，从"青年"到"壮年"再到"老年"，每一个发展阶段都有特定的地貌特征。

丹霞地貌

丹霞地貌在中国广泛分布，主要集中在贵州赤水、浙江江郎山、福建泰宁、湖南崀(làng)山、江西龙虎山、广东丹霞山，也有少量分布于甘肃、青海和新疆地区。红色的山体、陡峭的悬崖和峡谷是丹霞地貌最大的特征。

丹霞地貌的形成

① 沉积物中的铁矿物发生氧化，使岩石变成红色

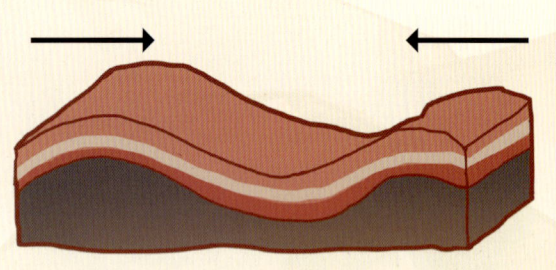

② 地壳运动，岩层被挤出许多"皱褶"

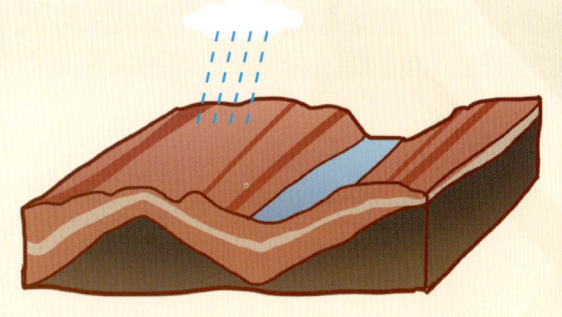

③ "皱巴巴"的岩层受到常年的风化作用、雨水的打击和侵蚀。

④ 红色的岩层被塑造成陡崖状丘陵

砂砾岩

丹霞地貌由红色的砂岩和砾岩形成。这两种岩石都是沉积岩的一种，里面含有大量砾石颗粒和少量矿物碎屑，透水性很好，容易被水流切割。

福建泰宁堪称"丹霞洞穴博物馆"。红色的岩石表面上布满了无数个洞穴，它们大小不一、深浅不同，远看就像蜂窝。这种丹霞景观叫做"崖壁洞穴"。福建泰宁的崖壁洞穴是中国丹霞地貌中最独特的、发育最好的丹霞洞穴。

什么是丹霞

徐霞客是明朝旅行家、地理学家和文学家，也是中国地学历史上第一个用"丹霞"来形容红色岩层的人。当他来到浙江天台山时，就在他的《徐霞客游记》里写下了"仰视丹霞层亘"来形容红色的山体。

1928年，中国地质学家冯景兰在广东省北部进行地质考察，发现了"丹霞地貌"的存在，红色岩层的名字才正式确定为"丹霞"。

三爿石

在浙江省江郎山，有一座高耸入云的山峰，叫"三爿(pán)石"。它是中国丹霞地貌的"第一奇峰"，形状就像一块巨石被破开，形成了三座呈"川"字形排列的孤峰。

郎峰：郎峰是主峰，体形最大，也是最高的，海拔约817米。

亚峰：亚峰体形最小，上大下小的形状犹如一把宝剑插在两座山峰之间。

灵峰：灵峰，一副"敦厚老实"的样子，体态浑圆，尖顶朝天。

三爿石成因之谜

① 1000万年前，江郎山地区的红色岩层是一片平原。

② 约530万年前，地壳抬升，平原被分成两块，江郎山也被抬了起来。

③ 到了200万年前，江郎山被风化剥蚀，形成了3座凸起来的山峰。

④ 山峰岩石之间的节理比较薄，加速了风化作用，山峰被切成"三爿"。

⑤ 到了100万年前，三爿石所在的断层再次抬升。被抬起的平原被风化成了丘陵，而三爿石就变成了现在的样子。

丹霞也有年龄？

丹霞地貌和人一样，也有"年龄"，根据岩层的侵蚀和发育状态，可以分为青年期、壮年期、老年期。

福建泰宁 — 青年期：贵州赤水、福建泰宁——岩壁高耸、岩层断口清晰、锐利，常见有峡谷和崖壁洞穴。

湖南崀山 — 壮年期：湖南崀山、广东丹霞山——崩塌堆积物较多，峰顶平整，常见有密集型圆顶和锥形峰林。

浙江江郎山 — 老年期：江西龙虎山、浙江江郎山——峰林疏散，变成孤立的石峰或缓坡丘陵。

87

入选时间：2011 年 ｜ 文化遗产 (ii)(iii)(vi)

杭州西湖文化景观

自公元9世纪以来，西湖的景色引得无数文人骚客、艺术大师吟咏兴叹、泼墨挥毫。景区内遍布庙宇、亭台、宝塔、园林，其间点缀着奇花异木、岸堤岛屿，为江南的杭州城增添了无限美景。数百年来，西湖景区对中国其他地区乃至日本和韩国的园林设计都产生了影响，在景观营造的文化传统中，西湖是对天人合一这一理想境界的最佳阐释。

西湖的景观概括起来主要有"一山、二塔、三岛、三堤"。一山是指孤山，二塔指雷峰塔和保俶塔，三岛是小瀛洲、湖心亭和阮公墩，三堤是苏堤、白堤和杨公堤。

杨公堤
杨公堤又称"西山路"，其走向基本平行于苏堤，从栖霞岭西侧起，绕丁家山直至南山的长堤。

阮公墩
阮公墩位于湖心亭西，为纪念清代著名学者阮元治理西湖的功绩而命名。

小瀛洲
小瀛洲又称三潭印月岛，岛上陆地形如一个"田"字，以湖中有岛，岛中有湖的奇景著称。

雷峰塔
原为五代吴越王所建供养舍利的佛塔，也因在传说《白蛇传》中作为法海镇压白娘子之处而闻名。雷峰塔是中国造塔历史上的艺术精品，首创八角形平面，楼阁式塔型。它使今人对于五代时期典型的八角塔形制及构建有了更直观的了解。

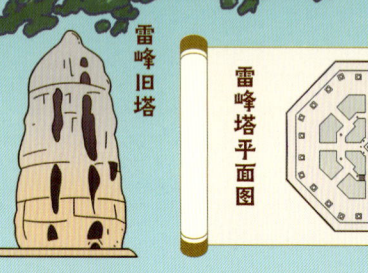

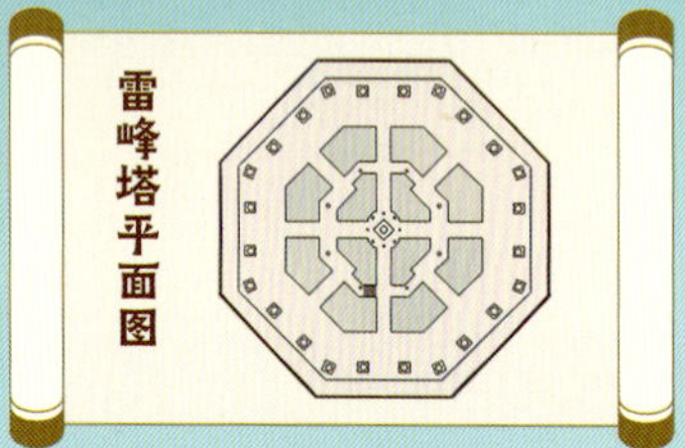

雷峰旧塔

雷峰塔平面图

三潭印月

小瀛洲的湖中有三座石塔，塔腹中空，月明之夜塔中点燃灯光，印入湖面与月亮的倒影辉映，故得名"三潭印月"。三塔呈等边三角形分布，最初为宋代苏轼为治理西湖所建的界塔。

石塔高2.5米，露出水面2米，由塔基、圆形塔身、宝盖、六边小亭、葫芦塔尖组成。塔空，环塔身分布五个小圆孔，塔基为扁圆石座。

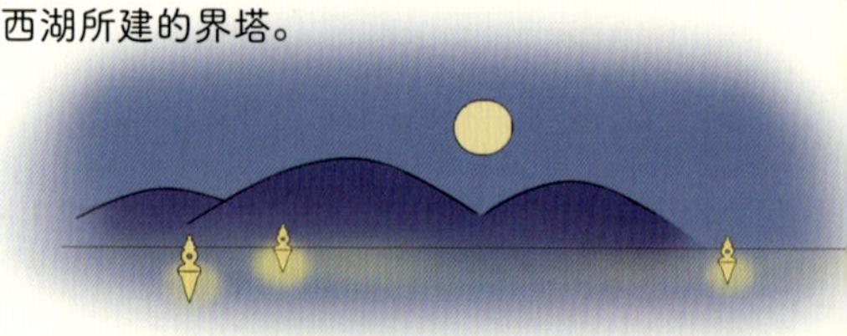

关于"三潭印月"，还有一个有趣的说法，就是在晴朗的中秋之夜可以观赏到"三十三个月亮"：因每座石塔有5个小圆孔，点上灯烛后共得15个月亮，湖中倒影15个，再加上天空的真月和水中的湖月，可看到32个月亮，再加上游人心中之月，总共是33个月亮。

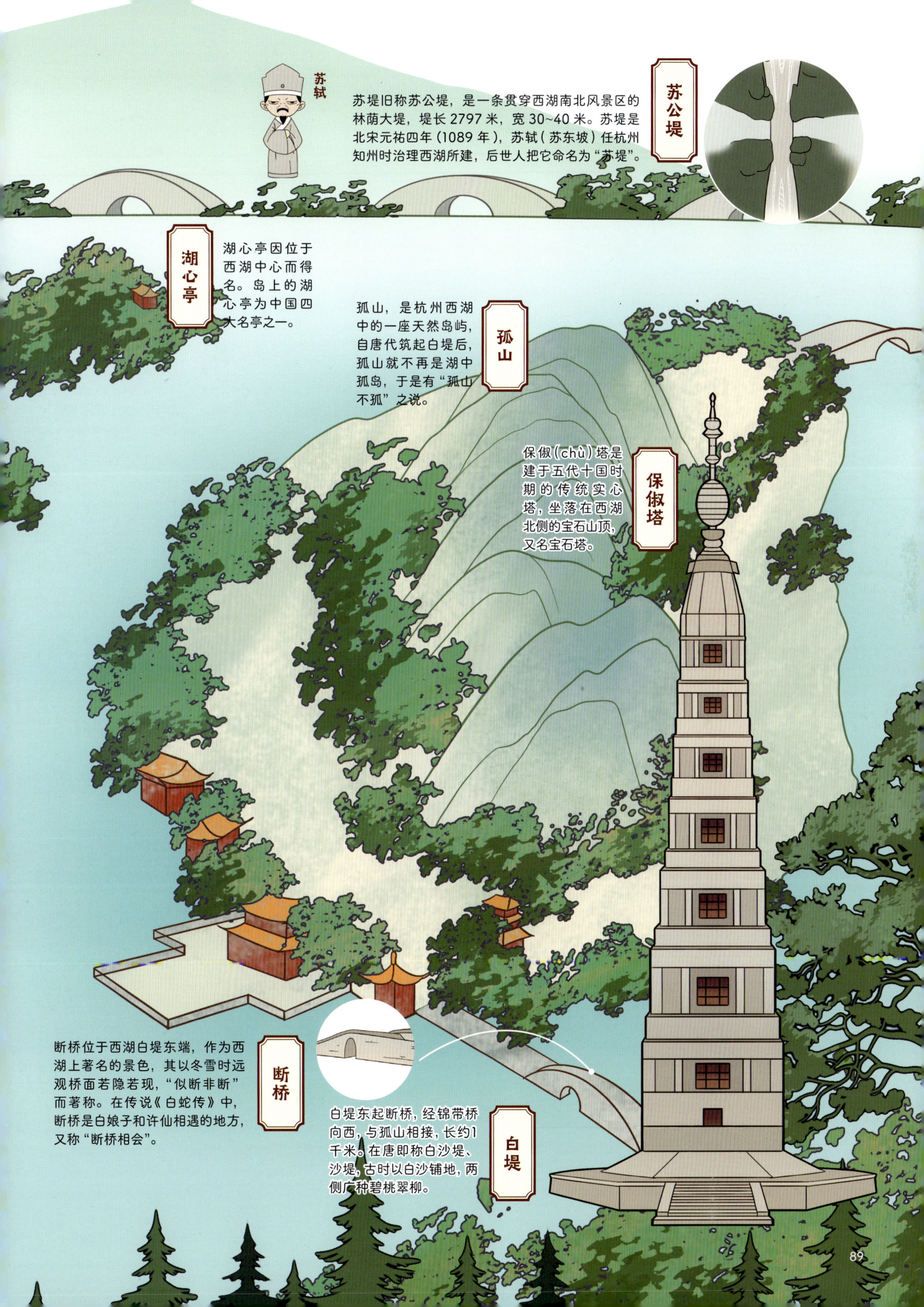

苏轼

苏公堤 苏堤旧称苏公堤，是一条贯穿西湖南北风景区的林荫大堤，堤长2797米，宽30~40米。苏堤是北宋元祐四年（1089年），苏轼（苏东坡）任杭州知州时治理西湖所建，后世人把它命名为"苏堤"。

湖心亭 湖心亭因位于西湖中心而得名。岛上的湖心亭为中国四大名亭之一。

孤山 孤山，是杭州西湖中的一座天然岛屿，自唐代筑起白堤后，孤山就不再是湖中孤岛，于是有"孤山不孤"之说。

保俶塔 保俶(chù)塔是建于五代十国时期的传统实心塔，坐落在西湖北侧的宝石山顶，又名宝石塔。

断桥 断桥位于西湖白堤东端，作为西湖上著名的景色，其以冬雪时远观桥面若隐若现，"似断非断"而著称。在传说《白蛇传》中，断桥是白娘子和许仙相遇的地方，又称"断桥相会"。

白堤 白堤东起断桥，经锦带桥向西，与孤山相接，长约1千米。在唐即称白沙堤、沙堤，古时以白沙铺地，两侧广种碧桃翠柳。

入选时间：2012 年　|　自然遗产 (viii)

澄江化石遗址

澄江化石遗址是保存最完整的海洋古生物化石群，记录了早期寒武纪海洋生态系统的形成，展现了多种无脊椎和脊椎生物的软、硬组织和解剖结构，具有重要学术意义。

遗址位于云南的帽天山上，已发现的海洋生物化石多达 280 种，生动呈现了 5.3 亿年前"寒武纪"时期海洋世界"生命大爆发"的原貌。可以说现在地球上所有动物的祖先都能在这里找到。

侯先光 澄江化石的发现者

澄江化石遗址在 1984 年被首次发现，发现者是中国古生物学家侯先光。之后越来越多的化石"重见天日"，它们被侯先光修复成化石标本，使我们有机会重新认识寒武纪生命大爆发，以及各种现代动物的起源。

化石的形成过程

① 古生物死后，沉入深深的海底，被沉积物掩埋。

② 沉积物变厚，埋在里面的动物尸体不断受到重压。

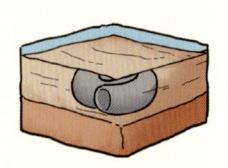

③ 沉积物里的矿物质，随着时间的推移，慢慢填满了骨头。

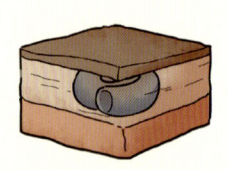

④ 沉积物变成矿石，骨头被矿化，变成了化石。

⑤ 海水退去，地壳运动，山地隆起，海底的化石来到了地面。

埃迪卡拉生物化石

生命大爆发

寒武纪以前，陆地上还没有出现恐龙，地球的霸主是海里的埃迪卡拉生物，比如栉水母、海绵动物。到了寒武纪，海里突然出现了更强大，已经拥有了骨骼、硬壳和器官的生物，水下变成了一片"弱肉强食"的世界。

栉（zhi）水母

海绵动物

埃迪卡拉生物化石

海底世界的远古生物

凤娇昆明鱼
凤娇昆明鱼是地球上最早出现的脊椎动物,也是"天下第一鱼"。它只有3厘米长,但是身体已经成长出大脑、脊椎和心脏。

奇虾
奇虾是当时海里体形最大、攻击力最强的捕食者,曾站在了食物链的最顶端。最大的奇虾能有2米长。它们身体扁平宽大,头上有一对复眼,能"零死角"地环视四周,头部最前端有一双用来猎食的巨型爪子,身体的侧面有两排用来游泳和平衡的尾叶,嘴巴里有一圈环形排列的"利齿",可以咬碎猎物。

奇虾(底部)

先光海葵
先光海葵是澄江化石遗址特有的种类,以古生物学家侯先光来命名,外形和我们现在的海葵非常相似。它们有16条像羽毛的触角,用来捕食水中的微生物,圆柱形的身体包裹着内脏,整天"坐"在海床上,不像其他动物那样游来游去。

抚仙湖虫
抚仙湖虫被认为是昆虫的祖先。它们长约10厘米,身体两侧有许多双用来爬行的小腿,身上的甲壳将近30节,头顶长了一对触角。

三叶虫
三叶虫是寒武纪里最常见的节肢动物,也是澄江化石数量最多的种类之一。它们有坚硬的外壳,而且经常换壳,考古学家找到的几乎全是空的壳,而不是它们的身体。

入选时间：2012 年 ｜ 文化遗产 (ii)(iii)(iv)(vi)

元上都遗址

元上都遗址位于内蒙古自治区正蓝旗地域内的金莲川草原，它是中国元朝都城里修建最早、历史最久、保存最完整的都城遗址，也是元朝统治者忽必烈的统治的杰出见证，体现了游牧文化和农耕文化的高度融合。

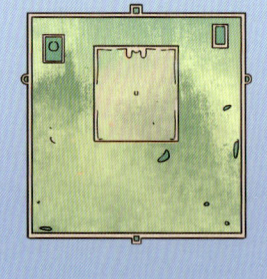

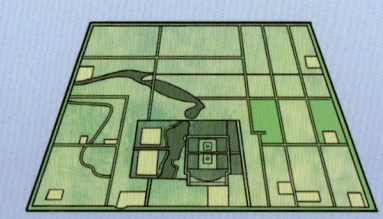

元上都遗址

元上都是元朝历史上第一个国都，在当时被称为"世界的心脏"，对中国与外国之间的文化交流有着极其重要的作用。13 世纪时，这里曾举办了一场佛教和道教的辩论大会，极大地促进了佛教在亚洲的传播。

元朝的开国皇帝：忽必烈

公元 1251 年，忽必烈来到了金莲川，组建了一个叫"金莲川幕府"的政治团队。他和他的团队一起打败了弟弟阿里不哥，夺得了蒙古族历史上第五任民族首领的宝座，后来还灭掉了南宋，成为了元朝的开国皇帝，史称"元世祖"。

金莲川幕府

金莲川幕府作为忽必烈的"人才储备库"，汇集了许多能人勇将，他们来自不同的地域，有的是蒙古族，有的是汉族。为了让外族人适应草原生活，忽必烈决定建立一个根据地。公元 1256 年，元朝的第一座都城"元上都"就在北方草原上矗立了起来。

一个元上都，半个元朝史

公元 1267 年，忽必烈在北京城建造了另一个更大的都城，称为"元大都"，元上都则变成了元朝皇帝们的避暑山庄"。元朝的 11 位皇帝每年都会花半年时间在元上都生活、处理国事，其中有 6 位皇帝在这里登基。元朝的"两都"制度直到公元 1358 年才结束。

金莲川草原

金莲川草原气候湿润，水清草美，非常适合游牧生活。同时，元上都是古代陆上丝绸之路的重要节点，这让生活在草原的汉族人也能吃上南方的大米。

忽必烈铜雕像

遗址里有一座高 7.5 米、长 34 米、重 80 吨，于 2007 年铸造的忽必烈铜雕像，象征了元上都的 750 年历史和忽必烈在位的 34 年。忽必烈正襟危坐在雕像群的正中央，他的左侧是蒙古骑兵的场景，右侧是元朝的杰出大臣们，例如刘秉忠、郭守敬、姚枢。

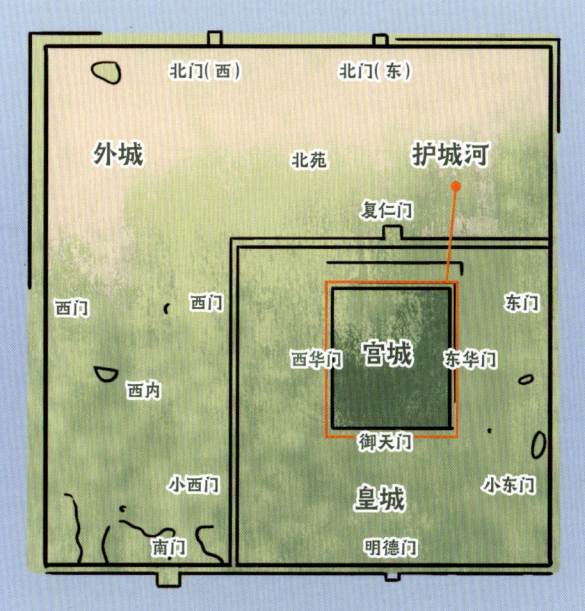

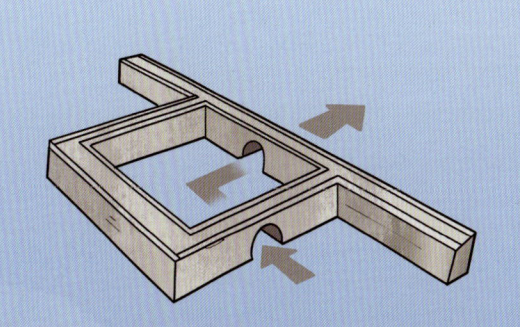

元上都共有 13 个城门，城门外边有两种形状不一，用来保护城门的"瓮城"。都城的南侧和北侧的瓮城是方形的，南北直开，可以直线穿过。

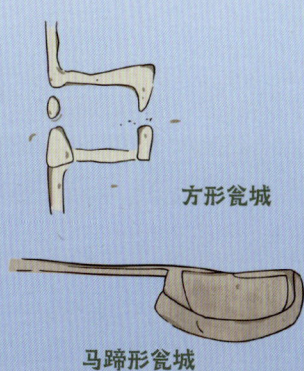

方形瓮城

马蹄形瓮城

东侧和西侧的瓮城是半圆形的，形状像"马蹄"。

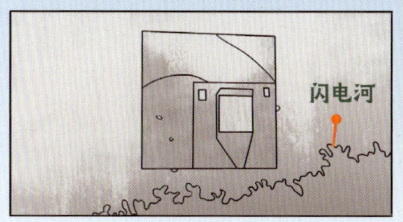

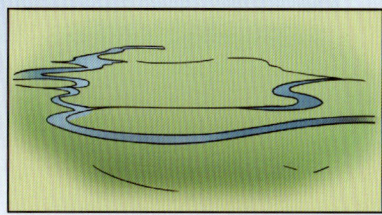

遗址的布局规划

遗址主要由宫城、皇城、外城这 3 个区域组成。每个区域都呈正方形，都有四面城墙环绕，是一个"正方形中有正方形"的"三重城垣"布局。宫城外围有一条人工建造的护城河，呈"口"字形。

闪电河

外城只有西边和北边。都城前面有一条俗称"闪电河"的河流，这条河流从南向东蜿蜒流去，使得人们无法把外城向南边或东边扩建。

外城四关

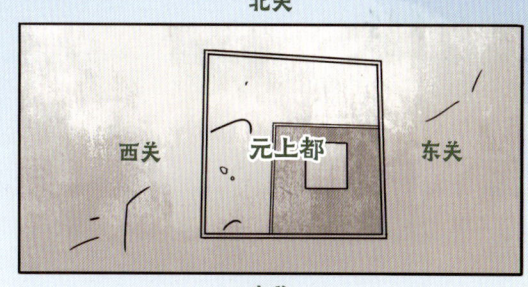

东关：富豪、高官的住宅
南关：大量的客栈，外来人口居住的地方
西关：仓库、官署，做买卖的地方
北关：2 个兵营，士兵居住的地方

马可·波罗

来自意大利的旅行家马可·波罗一直受到忽必烈的喜爱，当他来到元上都，看见大安阁时，被大安阁的精美而深深震撼了，于是在他著名的《马可·波罗游记》中写下了他对中国元朝建筑技术的赞美。

大安阁

在宫城区里，曾经有一座叫"大安阁"的恢宏建筑。它是元上都最主要、最大的宫殿，据说能同时容纳 6000 多人，大厅和房间的墙壁涂满黄金，相当金碧辉煌。

93

入选时间：2013 年 ｜ 文化遗产 (iii)(v)

红河哈尼梯田文化景观

红河哈尼梯田文化景观位于云南省红河哈尼族彝族自治州元阳县的哀牢山，有着至少 1300 年发展历史。从山脚至海拔 2000 多米的山顶，梯田的级数可达 3785 级。核心区域由坝达、多依树、老虎嘴这 3 个片区和 82 个村寨组成。

红河哈尼梯田文化景观所体现的森林、水系、梯田和村寨"四素同构"系统，是完美且精密复杂的农业、林业和水分配系统的反映，通过长期以来形成并得以加强的独特社会经济宗教体系，彰显了人与环境互动的一种重要模式。

地理环境

红河哈尼梯田地处北回归线，形成了温暖多雨的热带、亚热带高原立体气候。在这样的气候条件下，这里孕育了丰富的野生植物资源，堪称"天然植物王国"。

梯田的秘密

色彩绚丽

海拔高度差距越大，温差就越大。红河哈尼梯田的海拔落差接近 1400 米，加上梯面的面积大小不一，受光面积也各不相同，因此即使是同一种农作物，在这里也会折射出不同的色彩。

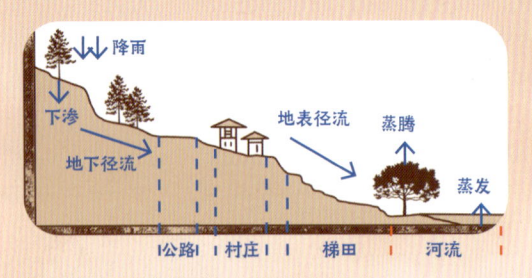

"四素同构"系统

哈尼族人充分利用地理条件，发展出"四素同构"：保留山顶森林，在山腰建村寨，在寨脚造梯田，利用溪流引水灌溉，使这片土地变成了一个具有自我调节能力的复合农业生态系统。

会"冒烟"

梯田之间常常弥漫着浓浓的雾气，远看像"着火冒烟"。这是由于哀牢山在夏季受到来自印度洋上的西南季风影响，获得了充沛的降雨。随着雨水蒸发，大量水蒸气层层上升，在上升过程中，热气团受到了冷气团的压迫，于是便产生了大量的雾。

撑磨秋

荡秋千

六月"苦扎扎"

"苦扎扎"是哈尼族最重要的传统节日之一,在每年农历六月中旬举行,为的是保佑山寨平安、五谷丰登。在节日上,人们会祭天地之神、分黄牛肉、对歌跳舞、撑磨秋、荡秋千,热闹非凡。

叶车女郎

哈尼族有数个支系,服饰略有不同,但都以黑色为主色调,因为黑色对哈尼族来说是一种吉祥色。其中一个支系"叶车",妇女一般会头戴一顶白色小尖帽,上身穿黑色对开式短袖土布衣,布衣件数越多,代表家庭越富裕,下身穿黑色短裤,方便劳作。

"蘑菇"茅草房

"蘑菇房"是哈尼族最典型且古老的民房建筑,以土石为主要建筑材料,房顶用茅草铺成,形状像蘑菇,有冬暖夏凉的优点。但由于容易引起火灾,随着时代变迁,许多蘑菇房已被石棉瓦房、水泥房所取代了。

入选时间：2013 年 ｜ 自然遗产 (vii)(ix)

新疆天山

　　新疆天山拥有独特的自然地理特征和一系列秀丽景观，例如壮观的雪山、原始的森林和草地、清澈的河流和湖泊、红床峡谷等，这些景观与邻近的沙漠景观形成巨大的反差；其地貌和生态系统自上新世一直保存完好，是正在进行的生物生态演化进程的杰出范例，同时也是该地区一些稀有且濒临灭绝的残存植物物种的重要栖息地。

新疆天山，世界七大山系之一，地处欧亚大陆腹地，横跨中国、哈萨克斯坦、吉尔吉斯斯坦、乌兹别克斯坦，在中国境内绵延约1760公里，孕育野生动植物3000多种，珍稀濒危动植物477种，当地特有种133种。

天池的形成

天山天池，地处博格达峰北坡山腰，是第四纪冰川期冰雪消融时，终碛（qì）物（即山谷两边崩塌的山石）堵塞冰川或河道并沉淀堆积，使融水截留在深山峡谷中，最终历时两百多万年而形成的冰碛湖。它长 700 米，终碛垄高 286 米，四面岩石以紫红色凝灰岩为主。

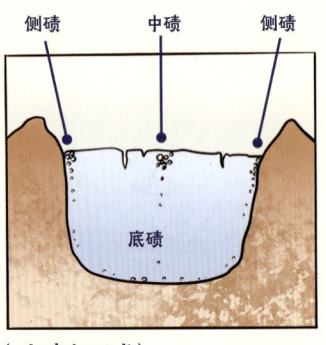

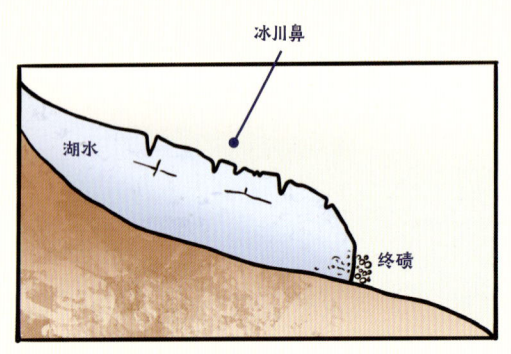

（冰碛湖形成）

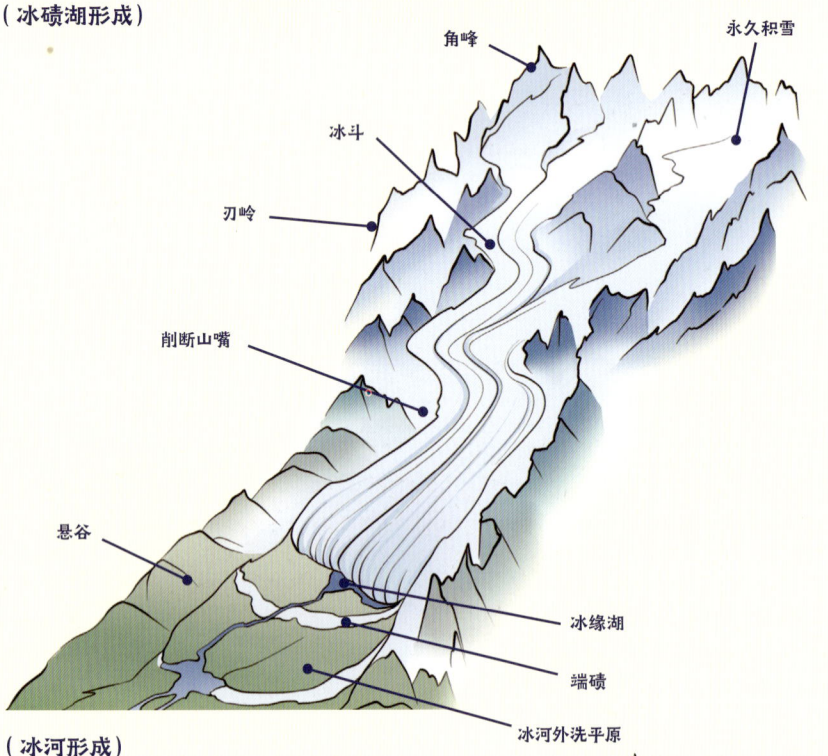

（冰河形成）

地貌特征

由于地壳运动、冰川和流水交替作用，"皱褶"的山体形成了。山体之间夹有许多宽谷与盆地，海拔 3800 米以上的山峰常年积雪。

西王母神话

西王母是中国神话里的一位女神，俗称"王母娘娘"，传说她慈悲济世，居住在天池，掌管三界的婚姻和生儿育女，后来深受道教尊崇，道教教徒在天池东岸为其兴建了一座"瑶池宫"。

花中之王：天山雪莲

天山雪莲，属菊科植物，是一种极其名贵的药材，一般生长在 3500 米的雪线冰川边缘的岩石中，能经受零下 21℃ 的严寒，三至五年开花结果一次，有神奇的功效，从而被当地人视若"神灵难得的赐予"。

托木尔峰

托木尔峰，天山山脉的最高峰，海拔 7443.8 米，有着中国最大的现代冰川区。

汗腾格里峰

汗腾格里峰，天山山脉的第二高峰，海拔 6995 米，地处新疆维吾尔自治区和吉尔吉斯斯坦的边界线上。

博格达峰

博格达峰是天山东部最高的山峰。"博格达"在蒙古语中意为"神灵"。这里海拔 5445 米，大部分生态系统仍处于处于原始的自然状态，有着从永久冰雪带到沙漠边缘 10 个景观带。

明星天池龙

1974年，地质地理学家在博格达峰北麓发现了恐龙化石，证实是来自约1.7亿年前中侏罗纪时代的甲龙，后来取名"明星天池龙"。它体长约3米，属亚洲最早的甲龙科，身体覆盖着许多大小不同的甲片。

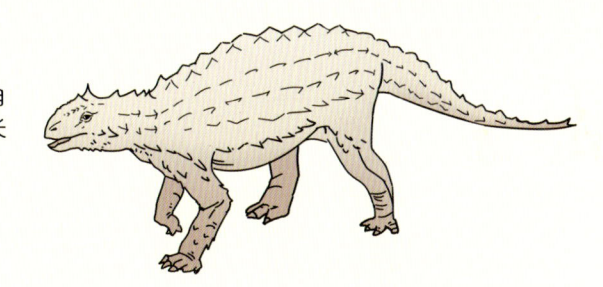

肯氏兽化石（全景） 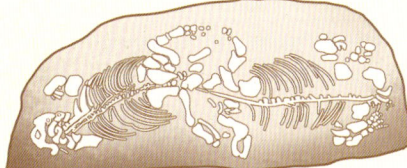　　肯氏兽化石（单体） 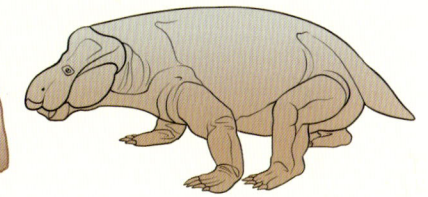　　肯氏兽

九龙壁

1963年，科考队伍在准噶尔盆地发现了9个幼年肯氏水龙兽化石，它们趴卧在一块呈50度倾斜的岩层上，因此被称为"九龙壁"。肯氏水龙兽是2.25亿年前生活在天山的草食脊椎动物，体长约1米，上颌长有两颗长牙，样子笨拙，身形如桶。

高白鲑

赛里木湖的秘密

赛里木湖位于天山北边，是新疆海拔最高、面积最大的高山湖。湖原本不产鱼，1997 年研究人员发现其水质和水温与俄罗斯贝加尔湖非常相近，便从俄罗斯引进高白鲑、凹目白鲑等鱼苗养殖，湖才有了鱼，并成为了重要的冷水鱼生产基地。

博格达岩画

在博格达冰川边缘，有多达 80 处岩画群，共计 800 多个图案。它们与西伯利亚及中亚地区的陶器和青铜器上的纹样相似，以三角形为主要构图元素，是远古先民所创造的历史画卷。

入选时间：2014 年 | 文化遗产 (ii)(iii)(v)(vi)

丝绸之路：
长安—天山廊道的路网

丝绸之路，广义上分为"海上"和"陆上"两条线路。最早形成于公元前2世纪至公元1世纪，一直使用到16世纪。以长安（今西安）为起点，横跨亚洲、非洲和欧洲多个国家，它的开拓丰富了不同文明之间文化、贸易、宗教、技术的交流，更大大地促进了城镇和沿线民族地区的发展。1877年德国地质地理学家费迪南·冯·李希霍芬为其命名为"丝绸之路"并广为人知。

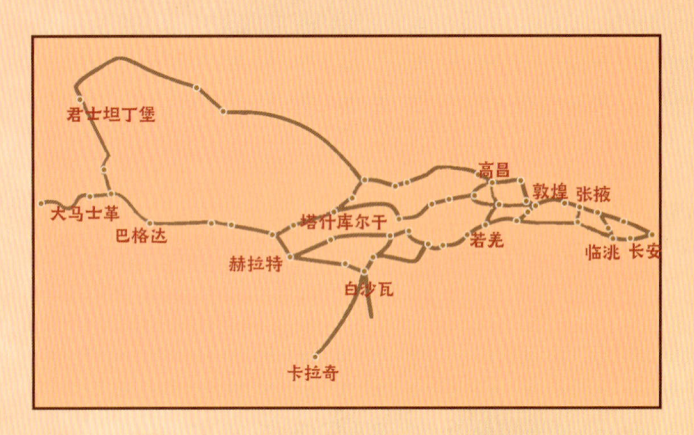

陆上丝绸之路途径

从西安出发，经河西走廊到敦煌，再由敦煌分成三条重要线路：

① 南路，经若羌、和田、塔什库尔干、叶城、阿富汗等地，到达印度北部。
② 中路，经新疆库车、喀什、帕米尔高原、乌兹别克斯坦、伊朗等地，到达波斯湾。
③ 北路，经过哈密、天山、伊斯坦布尔等地，到达地中海地区。

丝路的"咽喉"：河西走廊

河西走廊（包括敦煌、酒泉、张掖、武威）作为陆上丝路的"商贸中转站"，在当时是非常重要的商业区域。西域诸国的商人在这里贩售他们的香料、手工艺品等，同时采购中国的丝绸、茶叶、土特产，并销往西亚和欧洲各地。

陆上丝绸之路

陆上丝路起源：张骞出使西域

西汉时期，汉武帝先后两次派张骞出使西域（史称"张骞凿空"），第一次是为了与大月氏联盟，攻打匈奴；第二次是为了深入视察，以便统一西域。自此，西汉与西域诸国（今新疆以西地区）开始频繁联系，"陆上丝绸之路"得以开通。

张骞

陆上丝绸之路在唐朝进入了鼎盛时期，交通运输已经非常完备，但对于陶瓷这一出口量最大的易碎商品来说，单靠马和骆驼来运送，成本很高，加上安史之乱的爆发、唐朝的衰落，商人逐渐将运输方式向"海上"转移，约在公元前 200 年开通了一条以船运为主的"海上丝绸之路"。

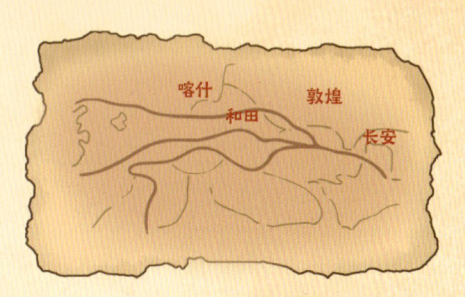

陆上丝路靠骆驼运送商品

海上丝绸之路

海上丝绸之路途径

海上丝绸之路有两条主要航线：

① 东海航线，以南京或宁波为起点，通往日本和朝鲜半岛。
② 南海航线，以广州或泉州为起点，通往东南亚各国、北非以及地中海沿岸地区。

古代海运货船

隋朝时期陆上丝路的三条主通道

传入西方的中华文明

造纸术

中国第一个境外造纸厂在撒马尔罕,建于唐朝。794年,伊拉克巴格达也办起了纸厂,并聘请中国技师进行指导。9世纪末,中国的造纸术传入埃及,不久便淘汰了当地的纸莎草纸,随后从西班牙传入了欧洲各国。

丝绸

丝绸是用蚕丝编织而成的纺织品,早在春秋战国时期,中国贵族就开始穿用丝织品。丝绸之路开通后,中国的丝绸很快就在罗马帝国流行起来。据记载,罗马每年至少要花费一亿罗马金币在丝绸贸易上。

陶瓷

随着茶叶的传入,中国的制瓷技术也影响并流传到国外地区,瓷器成为了重要的出口商品,如唐三彩、白釉瓷、青花瓷等。西班牙和葡萄牙是中国瓷器批发的欧洲先驱。

茶叶

1606年,荷兰商人通过海上丝路将茶叶运往欧洲,中国的茶饮文化自此成为了风靡西方上流社会的生活主题。英语中茶叫"Tea",法语叫"Thé",都是闽南语和潮汕语的"茶"转换而来的。

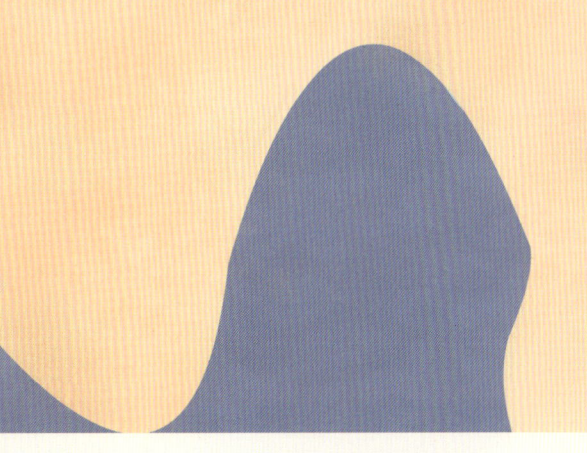

传入中华的舶来水果

石榴

石榴,原产自安息国(今天的伊朗),是当时张骞出使西域归国时顺带回来的水果,最初只有皇亲国戚才能享用。它的引进和栽植至今已有两千多年历史。

苹果

在今天我们能吃到的苹果中,约46%的基因源自哈萨克斯坦的野苹果,21%来自欧洲的野苹果。苹果就像过去丝绸之路上的商人,游走于中西方。现在全球苹果的品种多达7500多种。

葡萄

葡萄,也随着张骞的归国从"大宛(yuān)国"(今天的费尔干纳盆地)传入,同时还有葡萄酒的酿制方法。在唐朝,葡萄酒被大规模生产,成为了王朝贵族和文人墨客的流行饮品。

入选时间：2014年 | 文化遗产 (i)(iii)(iv)(vi)

大运河

大运河是世界上开凿最早的、延续使用时间最久的、规模最庞大的水利工程系统，不仅体现了人类的创造力和智慧，也充分展现了东方文明的技术力量，见证了一个伟大的农业文明的运作核心，深深地影响着中国大部分领土和居民的生活、经济与文化交流。

大运河北起北京，南至浙江，是中国古代最艰巨的水利工程，包括隋唐大运河、京杭大运河和浙东大运河，全长约2700千米，贯通中国五大水系——海河、黄河、淮河、长江和钱塘江，流经京、津、冀、鲁、豫、皖、苏、浙八个省市。

大运河的发展历程

开凿原因
在古代，土地纷争接连不断，粮食、军火等物资成为了取胜的关键，江南地区有着许多天然的湖泊、河流，利用水运可以提高物资的运输量和运输速度，加上发达的水工技术，君主也想加强对地方的统治，人工运河便应运而生了。

元朝时期
元朝时，大运河被改造，形成了今天全线贯通的"京杭大运河"（今北京至杭州）。但是河道变窄、变浅，水源不足，通航能力变小，每年的漕运量只有10万石。

积水潭码头
积水潭（今北京二环湖泊）是元代漕运的总码头，所有货物都要在这里"下船"，据说它前身是皇家的"洗象池"，驯养员给来自暹罗、缅甸的大象洗澡的地方，后来才发展成北京城最重要的商业区。

明清时期
1411年，明朝政府扩建运河，整顿河坝，解决了水源问题，船闸由元朝时期的20座增建至51座，大大提升了通航能力，并于1451年在淮安开设了全国漕运最高机关——漕运总督署，淮安变成了"漕运之城"。

隋朝时期
公元605年，隋炀帝杨广为了加强中央集权，征发了五百多万民工，仅用6个月时间，以邗沟为基础开凿了"通济渠"（汴河），自今洛阳至淮安市。在公元608年，利用曹操开凿过的白沟开挖了"永济渠"（卫河），自今洛阳市至北京市近郊。随后，隋炀帝又开挖出直通杭州的"江南运河"。终于在公元610年，一条长2700多千米、以洛阳为起点连通南北的"人字形"运河修建完成。这就是今天我们所称的"隋唐大运河"。

唐宋时期
到了唐朝，运河的通航条件和运输管理不断得到完善，还设有专门的转运使和发运使。运河每年的漕运量可达700万石（1石=120斤）。公元984年，船闸升级成"复式船闸"，形成了现代船闸的雏形，比西方出现同类型船闸的时间要早得多。

春秋末期
公元前486年，吴王夫差为了北上攻打齐国，利用长江三角洲的天然湖泊，从扬州向淮安旧城开凿了一条长170千米的运河，史称"邗沟"，连接着长江与淮河。邗沟是大运河中最早修成的一段河道。

近代以来
通济渠的主要水源来自黄河，黄河水含沙量很高，严重的泥沙淤积使通济渠变成了"地上河"，最后在清朝末期彻底失去了通航能力。广济渠也因为近代铁路的发展，在20世纪60年代停止了通航。目前，京杭大运河保存基本完好，仍在发挥作用。

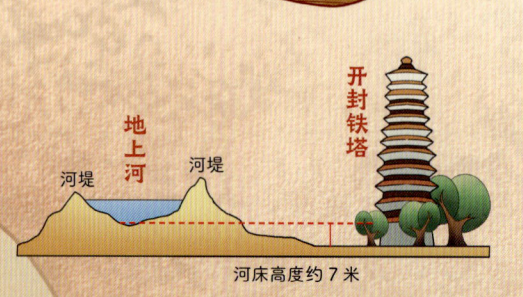

古代漕运船

地上河　河堤　开封铁塔

河床高度约7米

100

中国发达的水工技术

京杭大运河之父 郭守敬

元朝的天文、水利专家郭守敬，是京杭大运河的总设计师。他对隋唐大运河进行"截弯取直"，使北京和杭州之间的河道缩减近800千米。

镇海"铁狮子"

在沧州站的河畔，有一只高5.5米，长6.5米，重约40吨的"铁狮子"。它身上刻有佛教经文，还背着一个莲花宝座，传说它是文殊菩萨的坐骑，代替菩萨镇守运河。

混江龙

黄河经常决口，河堤坍塌，影响运河的通航。聪明的古代人发明了"混江龙"，把它悬挂在船尾，船向前航行时可以搅浑河底淤泥，疏通河道。

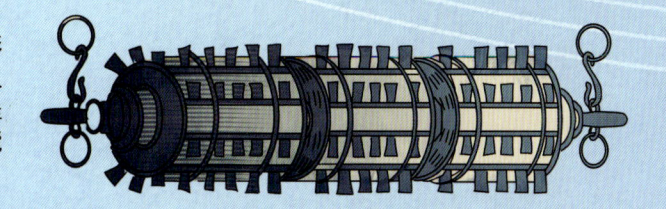

复式船闸

中国早期的复式船闸有上闸、中闸、下闸三道"陡门"，陡门之间叫"闸室"，连通着两个称为"水澳"的大水箱，起到循环蓄水的作用。当船只到达闸前，打开下闸，船只顺利驶入第一闸室后关闭下闸并打开"归水澳"，向第一闸室注水，等水位上升后再打开中闸，船只向前行驶，如此类推，直到驶出最后一个闸口。

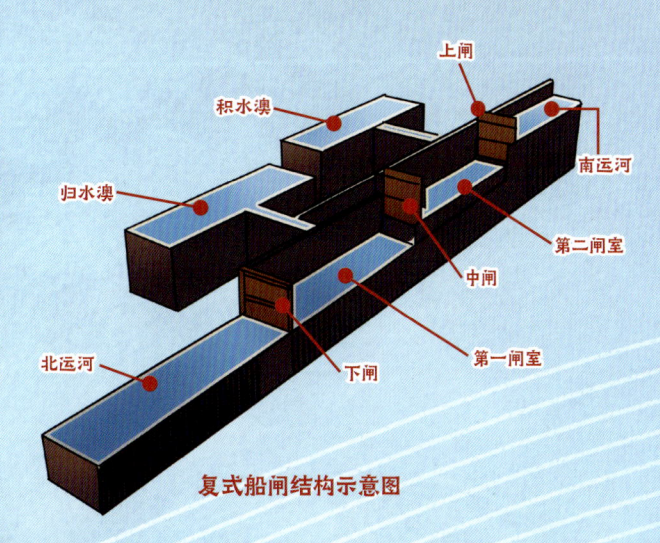

复式船闸结构示意图

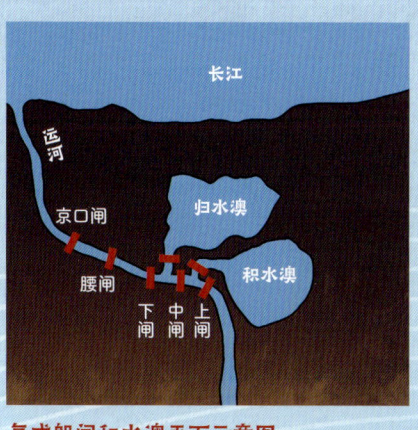

复式船闸和水澳平面示意图

粮仓：国人的命脉

回洛仓

粮仓是隋唐时期皇室和百姓的"命脉"，运河沿线有许多储存粮食的粮仓，最大的粮仓一般会建在都城内。回洛仓，隋唐时期的"国家粮仓"，可储粮3.55亿斤。

含嘉仓

隋朝灭亡后，唐太宗李世民在洛阳皇城旁修建了一座规模更大的粮仓——含嘉仓，被称为中国古代最大的粮仓。仓窖就像一个大圆缸，最深达地下12米。

镖局

在古时候，通过水路或陆路运送粮食的物流公司叫"镖局"，又叫"镖行"。"运镖"就是指运送粮食、保护货物上路。运送的师傅叫"镖师"，一般都是会武功的江湖人士。

食物防腐方法

唐朝人巧妙地利用"席子夹粮"来防止粮食腐烂：用火烘干窖壁 → 把草木灰（植物燃烧后的剩余物）铺在窖底 → 铺上木板 → 铺上席子 → 倒入谷糠（粮食）→ 再铺上席子

窖壁也用"两层席子夹一层糠"的方法储存粮食，最后用泥土密封窖口。

用火烘干窖壁　把草木灰铺在窖底　铺上木板　铺上席子　倒入谷糠　再铺上席子

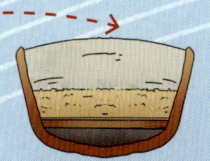

入选时间：2015 年 ｜ 文化遗产 (ii)(iii)

土司遗址

土司遗址位于中国西南山区（湖南、湖北、贵州、重庆的交界地带），包括唐崖土司城、永顺老司城和遵义海龙屯。

土司遗址是中华文明在元、明朝代的统治制度的代表性物证，不仅见证了中国少数民族早期的系统化管理的智慧，也展现了过去中国西南地区民族文化之间的人文价值交流。

什么是"土司"和"土司制度"？

土司简史

土司遗址就是过去"土司"生活的地方。土司又称"土官"，是地方土著首领被朝廷任命或分封的地方官，统领自己族人内部的政治、司法、军事和生活。土司的官位以"品级"来排位，最高是从三品，最低是从九品。官位还可以世袭。直至清朝"改土归流"，土司被废除，改为"流官"。

土司服饰

土司官位品级

从三品
宣慰司宣慰使
土都司

从四品
宣抚司宣抚使
土知府

正五品
宣抚司同知　土守备
土府同知　　土千户

从五品
宣抚司副使　土知州
安抚司安抚使　土副千户

正六品
长官司长官
土百户

从六品
土州同知
土千总

正七品
土知县　土把总

从七品
长官司副长官
土州判

正八品
土府经历
土县丞

从八品
宣抚司经历

正九品
宣抚司知事
土府知事
土主簿

从九品
土府照磨
土巡检
土外委

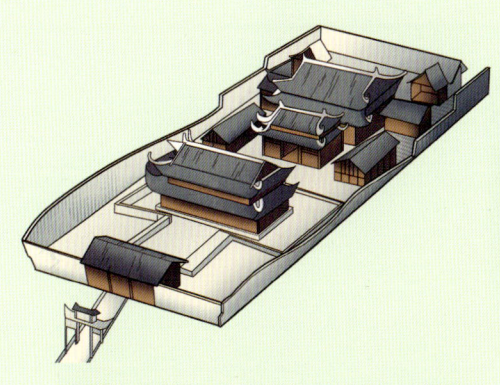

唐崖土司城：三街十八巷三十六院落

唐崖土司城位于湖北省咸丰县，有着"三街十八巷三十六院落"的规模，使用时间长达381年。从元朝末期开始，共有18位土司在这里生活过。大衙门是唐崖土司城的中心建筑，也是过去土司处理公务、断案的场所。大衙门后面为内宅，是土司和家人们生活的地方。

永顺老司城：800年不倒的"城墙"

老司城，原名为福石城，坐落在湖南省湘西土家族苗族自治州的永顺县，最早建于南宋时期，使用时间长达592年，见证了土司制度从萌芽到衰亡的全过程。老司城建有完备的排水系统，从上而下、从东到西的分布，能有效地防御山洪，像"城墙"般坚固，屹立不倒800年。

遵义海龙屯：土司夫人的凤冠

凤冠是中国古代皇后和公主佩戴的头饰，直到明朝，官员的妻子都可以佩戴。海龙屯位于贵州省遵义市，在1953年出土了两顶土司夫人的凤冠。它们的大小稍有不同，大的一顶尤其精美，它高29.1厘米，重1388.8克，由金丝制成，镶嵌了许多宝石和珍珠，正面居中的位置是一朵牡丹花，花的上方有3条飞龙和5只凤凰，因此被称为"金镶宝三龙五凤冠"。

土家族的毛古斯舞

土家族是唐崖土司城和永顺老司城最主要的少数民族，他们有一种古老的舞蹈叫"毛古斯舞"。每逢祭祀活动，10-20个土家族人作为代表，穿上用稻草扎成的草衣，赤着双脚，左右跳摆、摇头抖肩地跳起毛古斯舞，以此纪念为他们带来农耕技能的祖先。

入选时间：2016 年 ｜ 自然遗产 (ix)(x)

湖北神农架

湖北神农架有着中国中部地区最大的原始森林，是中国大鲵螈、川金丝猴、云豹、金钱豹、亚洲黑熊等多种珍稀动物的栖息地，同时也是中国三大生物多样性中心之一，在 19 和 20 世纪期间，被视为国际植物收集、探险活动的目的地，在植物学研究史上占据重要地位。

神农架景区

神农架位于湖北省西北部，由两大部分组成：东部的老君山和西部的神农顶，地处中纬度北亚热带季风区，拥有"夏无酷热"的宜人气候，年平均气温为 12℃。

动植物王国

神农架的"国宝"川金丝猴

神农架的深山里生活着一种与大熊猫齐名，同样被视为"国宝"的珍稀动物——川金丝猴。它们有着金灿灿的毛发，浅蓝色的脸蛋，厚厚的嘴唇，细长的尾巴，最喜欢在阳光下甩头理毛。

比叶子还小的鸟 太阳鸟

一种体形比树叶还小的"太阳鸟"同样喜欢生活在神农架。它们有着细长弯曲的嘴，艳丽的羽毛，最喜欢吮吸花朵里的花蜜。

动物得了"白化病"

正常的松鼠 VS 突变后的白松鼠

从 20 世纪 50 年代开始，神农架陆续出现不同的"白化"动物，比如白熊、白蛇、白乌鸦、白松鼠等。它们由于基因突变，体内缺少"酪氨酸酶"，导致黑色素不能正常合成，全身的毛发变成纯白色。

奇特的"掌上明珠"青荚叶

这里有一种奇特的植物，叫"青荚叶"。它的果实长在叶子上，就像人的手掌托着一颗珍珠。果子的大小与黄豆相差无几，在成熟前是青色的，成熟后变成黑色。

神农第一景

"V"形的神农谷

海拔2820米的"神农谷"是经过地壳抬升、流水侵蚀而形成的峡谷，呈"V"形，有着丰富的"塔状"石林，被誉为"神农第一景"。

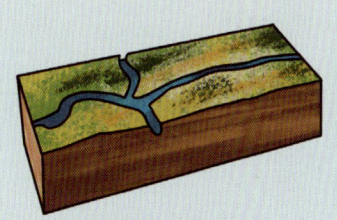

神农顶和神农谷的形成过程

峡谷形成初期
① 最初这里是一片汪洋大海。

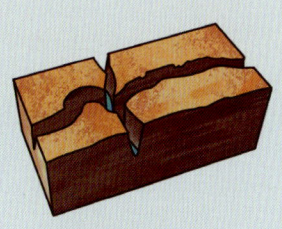

河流向下侵蚀岩层
② 2.5亿年前发生第一次造山运动"印支运动"，地壳往上提升，脱离海洋，形成山脉。

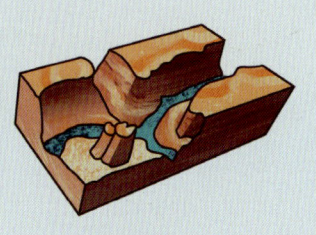

形成峡谷
③ 1.5亿年前，第二次造山运动"燕山运动"，地壳不断挤压，隆起一个像"蒙古包"的穹顶，最高点就是神农架。

神农谷塔状石林 ｜ 地壳抬升 ｜ 蒙古包 ｜ "蒙古包"断裂成"V"形峡谷

④ "蒙古包"经受不住挤压而断裂。经过常年的雨水冲刷，裂口变得越来越开，最终形成"V"形峡谷。

神农尝百草

相传炎帝神农氏为了给百姓治病，尝遍365种药草，写成《神农本草》，但是最后因为断肠草而死去。后来人们把这片茫茫林海取名为"神农架"，以此纪念这位"药王"。

神农氏

巨型牛头人面雕像

每年的农历四月二十六日，人们会在"神农坛"举行大型的祭祀活动。神农坛里有一个巨大的牛角人面雕像，它高21米，象征着华夏始祖神农氏。

神农坛牛头人面雕像

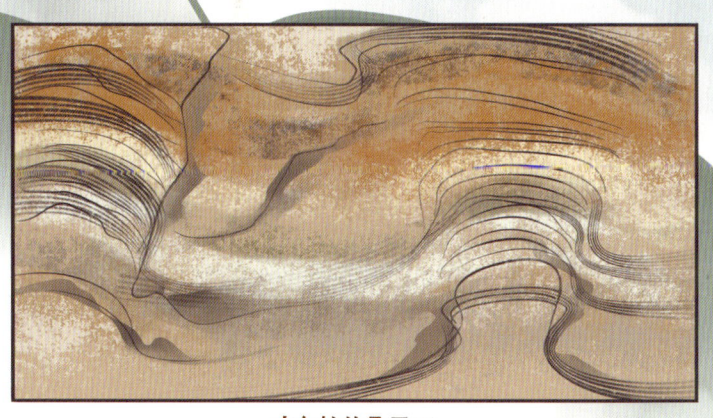

有年轮的叠层石 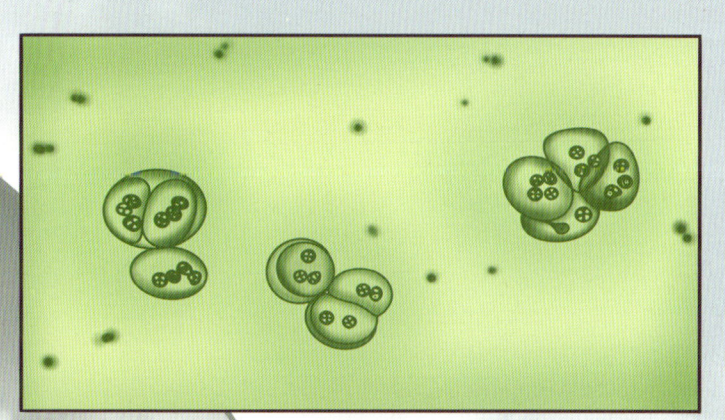 ｜ 蓝藻类的微生物

跟树一样有"年轮"的岩石：叠层石

神农架有许多和树一样带"年轮"的"准化石"，我们称之为叠层石。16亿年前，蓝藻类的微生物在水中通过光合作用进行繁殖。氧气是它们的代谢废物，排出时，微生物的黏性物质会把氧气包裹成"小气泡"并留在岩石中。小气泡沉积后不断受到水流的冲刷，岩石因此形成了一层层古老的纹理。

105

入选时间：2016 年 ｜ 文化遗产 (iii)(vi)

左江花山岩画文化景观

左江花山岩画文化景观，依据该地区的喀斯特地貌、河流和高原的形貌而绘制，生动展现了公元前5世纪至公元2世纪左江沿岸"骆越人"的宗教仪式和社会生活。这些岩画也是该地区铜鼓文化的特殊见证。

骆越人画岩画

宁明属亚热带季风气候，夏季多台风，在古时候频繁遭受洪水、暴雨等自然灾害。广西壮族的祖先"骆越人"认为这些灾害是河中邪物在作怪，于是在江河拐弯处的峭壁上作画，以祭祀水神，祈求风调雨顺，保佑人们平安渡过湍急的河流。

宁明县花山岩画

左江花山岩画分布在广西崇左市的左江及其支流明江的峭壁上，其中宁明县的花山岩画是最具代表性的，总长221米，高40米，有图像1950多个，被视为世界上单体最大、保存最完好的一处岩画。

铜鼓

铜鼓形状像圆鼓，是由"铜釜"演变而来的，在最初只是一种炊具。人们吃完饭以后把锅倒过来敲打，铜鼓才逐渐演变成一种在祭祀和节庆活动中使用的打击乐器，在许多少数民族中广为流传。

羊角钮钟

羊角钮钟，是一种流行于战国至西汉时期的青铜打击乐器。早在商周时期，骆越人就已经在左、右江流域繁衍生息。像羊角钮钟的图案大规模地出现在岩壁上，可见骆越人也有使用羊角钮钟的习俗，岩画的绘制时间也由此推断为商周时期。

岩画不褪色之谜

赤铁矿

这里的岩画历经 2000 多年不褪色，原因是这里的崖壁具有透气性，而且采用了天然矿物颜料"赤铁矿"进行绘制，图案不容易氧化；在制作颜料时还添加了一种特殊的黏合剂，使得颜料能更好地附着在岩石表面。

天然水硬性石灰

由于多雨天气，部分岩体已出现严重的风化和水蚀危害，岩画也遭到了损毁。经过多次实验，国家文物局的专家们最终发现，"天然水硬性石灰"最适合用来制作花山岩画修复的黏合剂，并在 2009 年 12 月开启了修复工程。

岩画的修复

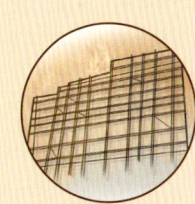

脚手架

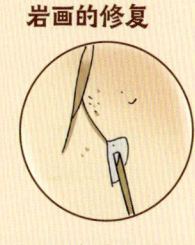

用石灰填补裂缝

修复时，用小竹片蘸取一些水硬性石灰，然后一点点地填补裂缝表面。

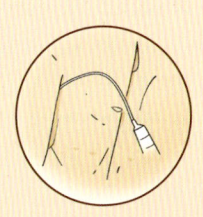

灌满裂缝内部

填补时，预留一到两个小孔，将装满流状水硬性石灰的注射器插到小孔里面，来灌满裂缝内部。

修复方法

修复岩画需要 300 多吨钢管来搭建高达60米的脚手架。为了保留岩画的原状，搭建时不能在岩壁上打洞，并且要和岩壁保持20厘米以上的距离。这种规模在世界上可以说是罕见的。修复工程只在每年冬季进行，这样不仅能避开夏季的大雨、洪水和高温，还能让黏合剂更好地发挥黏接作用。

岩画的图案

青蛙舞姿

骆越人视青蛙为雷神的儿子，相信青蛙有求雨的能力。他们把人物刻画得像青蛙跳舞的蹲式人形图案，来祈求风调雨顺，五谷丰登。

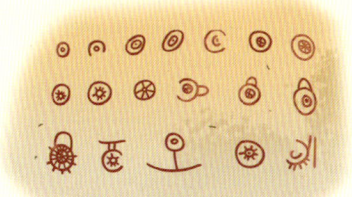

铜鼓岩画

岩壁上有许多抽象的圆形图案，能被肉眼辨认的约有 376 个，描绘的是一种南方百越民族在祭祀时所用的礼器——铜鼓。

鸟舟竞渡图

崖壁上有一幅被称为《鸟舟竞渡图》的图像，描绘了一组人侧身划船的情景，人物头上佩戴着鸟羽头饰。这说明早在两千多年前，骆越人就已经掌握了一定程度的航船技术。

入选时间：2017 年　｜　自然遗产 (vii) (x)

青海可可西里自然保护区

青海可可西里是中国面积最大的世界遗产。这片广阔的高山和草原位于青藏高原东北部、青海省西北角，海拔 4500 米以上，全年平均气温在 0°C 以下，最低温度有时达到 -45°C。得天独厚的地理环境和气候条件孕育了丰富的植物和动物资源。

冰川

海拔高的区域常年积雪。冰川融水造就了许多"辫状"河流，这些辫状河流被编织成原生态的湿地系统，并且由于地势起伏，形成了数以万计的形状不一的湖泊。

生命的禁区

由于海拔高、气候恶劣等因素，人类无法在这里居住，可可西里因此成为了世界第三大无人区，也是中国四大无人区之一（其他无人区有罗布泊、羌塘、阿尔金山）。

可可西里地貌特征

- 青海可可西里自然保护区位于青藏高原北部，乌兰乌拉山和昆仑山之间，总面积达 4.5 万平方千米。地势高亢，地貌以山地、宽谷、盆地、内陆湖为主，并规律分布。

野生动物的乐园

严酷的自然环境和气候条件却造就了特有的生物多样性，区内分布大量的珍稀野生动物，多达 230 种，其中 60% 是高原特有的物种。由于食物条件较差，绝大部分的蹄子类动物都是结群而居的，种群密度大且数量多。

野牦牛

野牦牛是高原特有物种，属国家一级保护动物。它们以柔软的邦扎草为食，体形笨重。身上厚实的长毛能抵御严寒。

藏狐

藏狐，国家二级保护动物。它们的体型接近赤狐，身上皮毛厚且密，背中央的毛色是棕黄色，体侧毛色为银灰色，喜欢独居，以高原鼠、高原兔、旱獭、岩羊、少量的昆虫和果实为食。

高寒垫状植被

区内的野生植物资源非常丰富，高等植物种类超过 210 种。但是由于常年平均温度偏低，这里的植物的生长周期基本只有 3 个月，类型以高寒草甸、高寒草原为主。其中草甸的组成主要是垫状草本植物，低矮丛生，贴伏于地面，能够适应寒冷、大风、干燥的气候。

黑苞风毛菊

黑苞风毛菊一般生长在流石滩和山坡地带。花瓣是管状的，比较疏散，叶片呈稀疏的钝齿状。

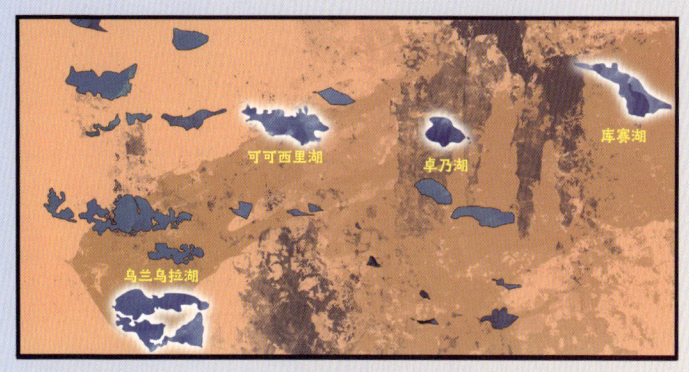

千湖之地

区内面积达1平方公里以上的湖泊就有107个，200平方公里以上的有7个，1平方公里以下的有7000多个，因此可可西里被称为"千湖之地"。大部分为咸水湖或半咸水湖，盐分较高。（注：1平方公里 相当于140个符合国际标准的足球场）

乌兰乌拉湖

乌拉乌拉湖是区内最大的湖泊，同时也是青海省第四大湖。乌兰乌拉湖的水温低，湖水的封冰期长达6个月。裂腹鱼是湖里最常见的鱼类。

裂腹鱼

卓乃湖

卓乃湖是藏羚羊重要的"产房"。每年的5月和6月，雌性藏羚羊会到卓乃湖产崽，到了8月和9月，藏羚羊妈妈就会带着小羊返回越冬地和藏羚羊爸爸会合。

雌性藏羚羊

库赛湖

库赛湖靠近109国道，湖周围是一片荒漠草原。

可可西里湖

可可西里湖是保护区北边最大的湖泊。湖周围是一片荒漠沼泽，湖水主要来自雪山融化的水。

藏羚羊

藏羚羊有"高原精灵"之称，是中国特有的物种，国家一级保护动物。它们以针茅草、苔藓和地衣类植物为食，体内的血红细胞是人类的两倍，腿部肌肉发达，非常善于奔跑，速度平均可达每小时80千米。

棘豆

棘豆是区内最常见的垫状植物，一般生长在宽谷、湖盆地地带。花梗和花叶的长度差不多，花数多，花冠是紫红色的，浓密生长，大面积匍匐地面。

109

入选时间：2017 年 ｜ 文化遗产 (ii)(iv)

鼓浪屿历史国际社区

　　鼓浪屿是中外文化融合的一个卓越范例，岛上的建筑不仅是"厦门装饰风格"的发源地和最佳代表，同时也是当地传统建筑、早期西方现代主义以及闽南文化的灵感交融，体现了亚洲早期全球化时期不同价值观的碰撞、交流与融合。

关于"公共租界"

1902 年，《厦门鼓浪屿公共地界章程》签订，鼓浪屿成为了"公共租界"，英、美、法等 13 个国家先后在岛上设立领事馆。1941 年太平洋战争爆发，公共租界沦为了日本独占的殖民地，直至 1945 年，政权回归中国，才结束长达 43 年的殖民统治。

鼓浪屿

厦门市一个面积不到 2 万平方公里的海岛，在明朝以前名为"圆沙洲""圆沙仔"，由于鸦片战争、公共租界的建立而逐渐形成多元文化交融的历史国际社区，岛上历史建筑现存 900 余栋。

多元文化的碰撞历程

A：本土文化沉淀期

红砖厝是闽南地区传统的院落式民宅建筑，墙体通过土石垒成，外墙砌有红砖，整体采用木梁架进行搭建。从宋朝至厦门成为通商口岸前，岛上的建筑除了少量的寺庙，多以红砖厝为主。

B：外来文化传播期

1843 年厦门商埠开放，西方人自此在鼓浪屿建立自己的领事馆、教堂、洋行、住宅和学院，它们大多为"殖民地外廊式"建筑——矩形的建筑以柱廊围绕，外墙涂刷着明亮的颜色，三角木屋架支撑直坡屋顶并铺满红色板瓦。

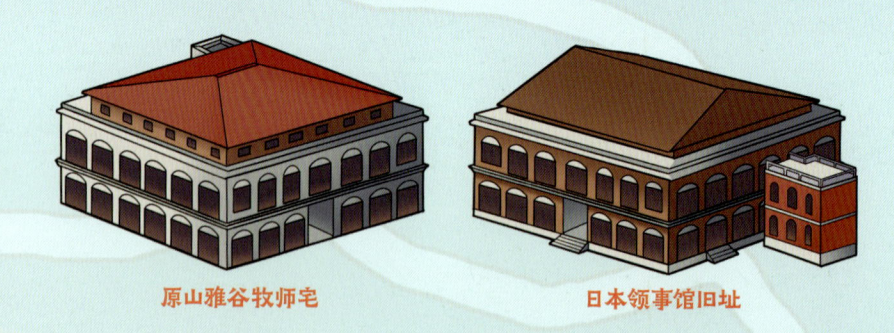

闽南红砖厝　　原山雅谷牧师宅　　日本领事馆旧址

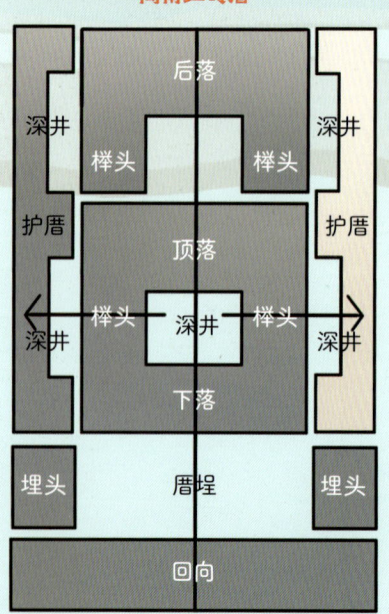

传统红砖厝的空间序列

C：外来文化融合期

1920 至 1930 年间，海外华侨、地方富绅的建设达到了高峰，洋楼建筑超过 1200 栋。当时正是西方古典复兴和装饰艺术大行其道的时期，一种独具一格的"厦门装饰风格"逐渐形成。

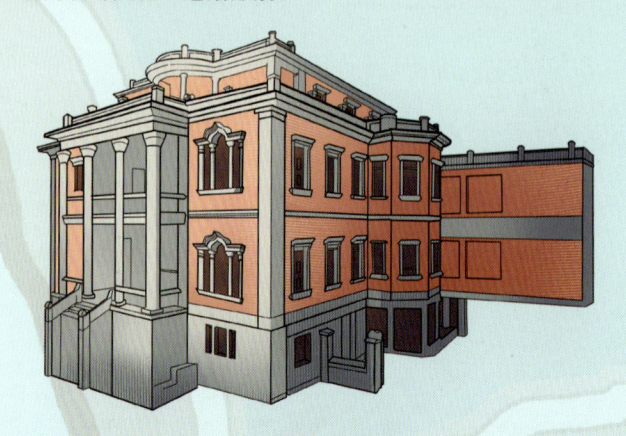

杨家园

岛上最古老的红砖厝：四落大厝

四落大厝(cuò)是从清朝嘉庆年间遗留下来，岛上现存最大、最完整的闽南红砖厝民宅，呈"日"字形，有着"两进三开间带护厝"的四合院式布局。

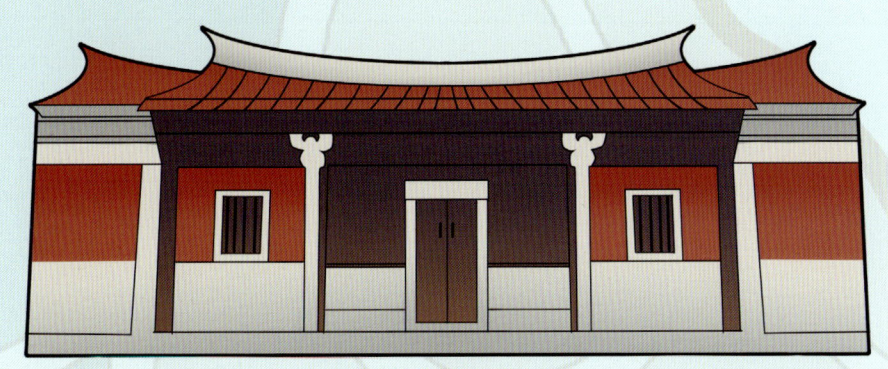

四落大厝顶部图

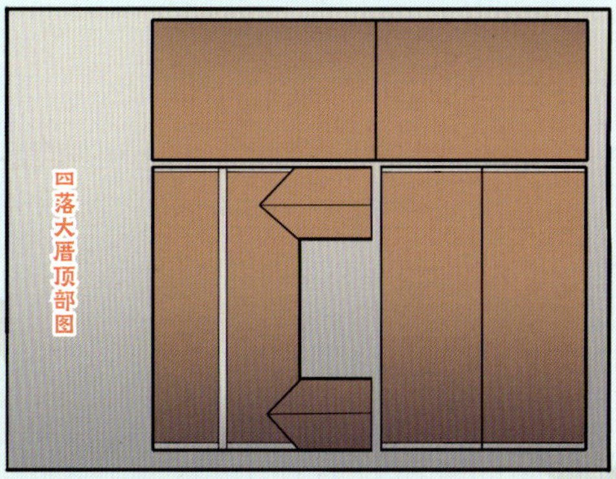

四落大厝正面图

二进院

"二进"指第一进为门屋，第二进为厅堂。中国传统院落有一进、两进到五进之分，进数越大，庭院越深。

护厝

指的是厢房。前屋的护厝建于两侧，后屋的则建于右侧，并仿照了洋楼进行"叠楼"改造，从原本的一层楼改成带西式圆弧拱券的两层楼。

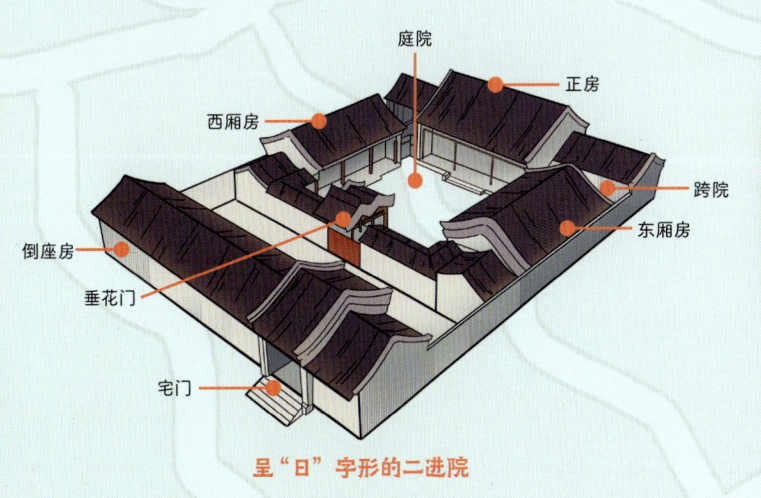

庭院　正房　西厢房　跨院　倒座房　东厢房　垂花门　宅门

呈"日"字形的二进院

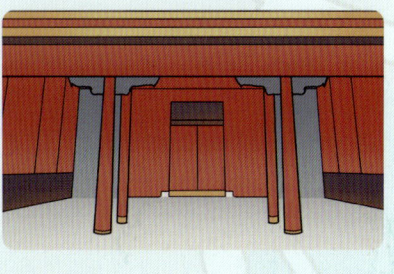

四落柱子

"间"属空间概念。在中国古建中，四根柱子成"一间"。四落大厝的前屋为三开间，后屋为五开间。

什么是"厦门装饰风格"

厦门装饰风格（Amoy Deco）在建筑上保留了红砖厝的红砖铺面，同时也融入了西方古典主义装饰元素，如外廊式立面、白色仿石柱子、巴洛克风格装饰等。"杨家园"和"金瓜楼"就是最典型的例子。

金瓜楼

鼓浪屿上的"乔家大院"：海天堂构

海天堂构由4座外廊式洋楼和1座中西风格合璧的"中楼"组成，最初是"万国俱乐部"，洋人娱乐的地方，在1920至1930年间被菲律宾华侨改建而变成别墅。中楼为海天堂构的中心，它的外廊从中央向外凸出，侧看像"龟头"，因此被当地人称为"出龟"洋楼。

海天堂构 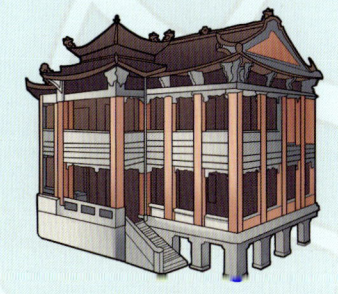　　中楼

仿古罗马建筑：黄荣远堂

黄荣远堂建于1920年，是岛上"花园洋房建筑"的代表之一，同样由菲律宾华侨改建而成。它的出龟式外廊由四根仿塔斯干式巨柱建成，格外壮观。

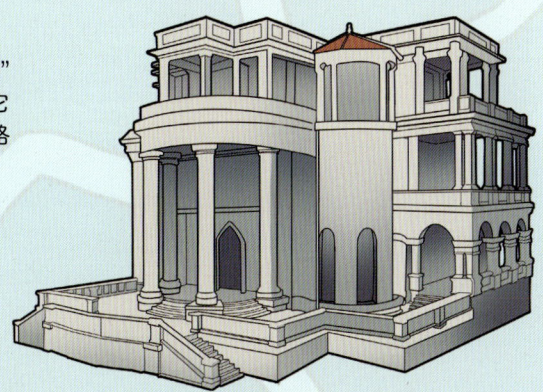

黄荣远堂

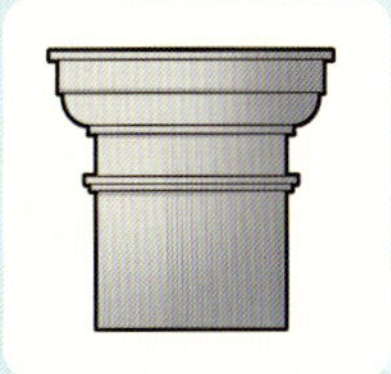

塔斯干式柱子

"塔斯干式"为古罗马建筑中最常见的一种柱子样式。这种柱式风格简洁，柱身平滑，没有沟槽，能起到很好的支撑作用。

梵净山

入选时间：2018年 ｜ 自然遗产（x）

梵净山位于贵州省武陵山脉，海拔500至2570米，植被类型多样，地势起伏较大。它是许多起源于第三纪（6500万至200万年前）的动植物的家园，特有物种包括梵净山冷杉和黔金丝猴，濒危物种包括中国大鲵、林麝和长尾雉。梵净山还拥有亚热带地区最大的原始山毛榉林。

梵净山的形成

2.2亿年以前，梵净山所在地区仍是一片海洋，海洋中的生物碎屑不断堆积形成碳酸盐岩。

随后，太平洋板块与亚欧板块碰撞，中国南方隆起成陆，大量碳酸盐岩露出地表。

亿万年的水流冲刷之后，这些碳酸盐岩地表被蚀刻得千疮百孔，支离破碎。

6500万年以来，印度板块与亚欧板块碰撞，梵净山抬升，碳酸盐岩逐渐被水流溶蚀，山体得以露出。它的主体是不易被水溶蚀的变质岩，形成于8亿年前。

垂直自然带

梵净山山势高峻山体庞大，形成"一山有四季，上下不同天"的垂直气候带。在数千米的垂直距离上，梵净山跨越了中亚热带、北亚热带、暖温带、中温带四个温度带，相当于水平距离上数千千米的变化。

- 亚高山针阔叶混交林和灌丛草甸带
- 中山温性针叶林和针阔叶混交林带
- 低山暖性针叶林和常绿阔叶林带

单位：米

西 ⇦　⇨ 东

中温带 / 暖温带 / 北亚热带 / 中亚热带

新金顶

古老珍稀动物

梵净山保存了世界上少有的亚热带原生生态系统，并孕育着7000万至200万年前的古老珍稀物种。据统计梵净山拥有珍稀植物2601种，其中植物类17种，列入国家重点保护的珍稀植物1800种，列入国家重点保护的动物19种。

黔金丝猴是世界濒危动物，目前仅存不超过1000只，为梵净山所特有，被称为"世界独生子"。梵净山生物多样性高的原因

黔金丝猴
赤吻蝰
峨眉髭蟾
红腹角雉

112

无雨降水

气流子山体交汇，遇冷形成降水，梵净山年降水量高达 1100～2600 毫米。由于山体是变质岩难以溶蚀，所以地表形成河溪，为动植物的生长提供丰富的水源。

气候变暖
气候变冷

垂直迁徙

梵净山的垂直自然带，使高海拔植物在冰期可以向温暖的低处迁移，冰期结束了它们又往高处回迁，应寒冷气候的灭绝，这便称为孑遗物种。

避难所

人类活动使梵净山周边的生态环境被破坏，人的进逼使动植物退却，梵净山便成为它们唯一的避难所。

蘑菇石

老鹰岩

高山石林峰群

梵净山留下了10亿至14亿年形成的奇特地貌景观，亿万年的风雨侵蚀雕琢了老金顶附近的高山石林峰群，诸如"新金顶""老鹰岩""蘑菇石""万卷书"等。

万卷书

珙桐 伯乐树 鹅掌楸 冷杉

珙桐是恐龙时代的植物，在地球上几乎消失殆尽，但在梵净山仍有分布。珙桐花奇特洁白，仿佛白鸽栖息枝头，被誉为"中国鸽子花"，也誉为"北温带最美丽的花朵"。

113

入选时间：2019 年 | 文化遗产 (iii)(iv)

良渚古城遗址

良渚古城遗址位于浙江省杭州市余杭区，距今已有 5300 年。它向人们展示了新石器时代晚期的一个以稻作农业为主的国家，是中华文明的发祥地之一。该遗址由瑶山遗址区、谷口高坝区、平原低坝区和城址区组成。大型土质建筑、城市规划、水利系统以及不同的墓葬形式，体现了当时社会的等级制度，成为了早期城市文明的杰出范例。

良渚古城地图

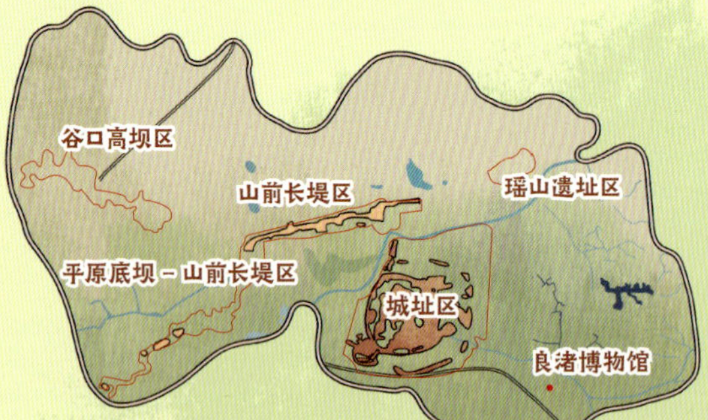

良渚古国为何消失——大洪水

4300 年前，中国东南部地区发生大洪水，当时的良渚古国被这场洪水淹没了。直到 1936 年以后，考古学家发现了遗址和大量玉器、陶器等文物，良渚古城才被世人认识。

莫角山宫殿

遗址中央是"莫角山宫殿"，它是利用"草裹泥"堆砌而成的长方形大土台，足足有 4 个故宫那么大。在这个大土台上还有大莫角山、小莫角山和乌龟山。

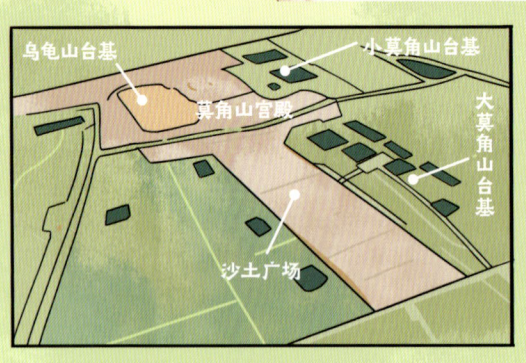

大莫角山、小莫角山和乌龟山位置图

大莫角山旁有一个"沙土广场"，是古时候良渚人举行大型仪式的"公共场所"。

盲沟

莫角山上有35座房子。房子附近有许多用来排水的卵石盲沟。

中国最早的水利工程

在良渚古城的北面和西面，有11条堤坝，建造方式和莫角山宫殿区一样，都是用"草裹泥"来堆砌的。这些堤坝形成了一个庞大的水利系统，而且有防洪、运输、灌溉等多种功能。这不仅是中国最早的水利工程，也是世界上最早的防洪系统。

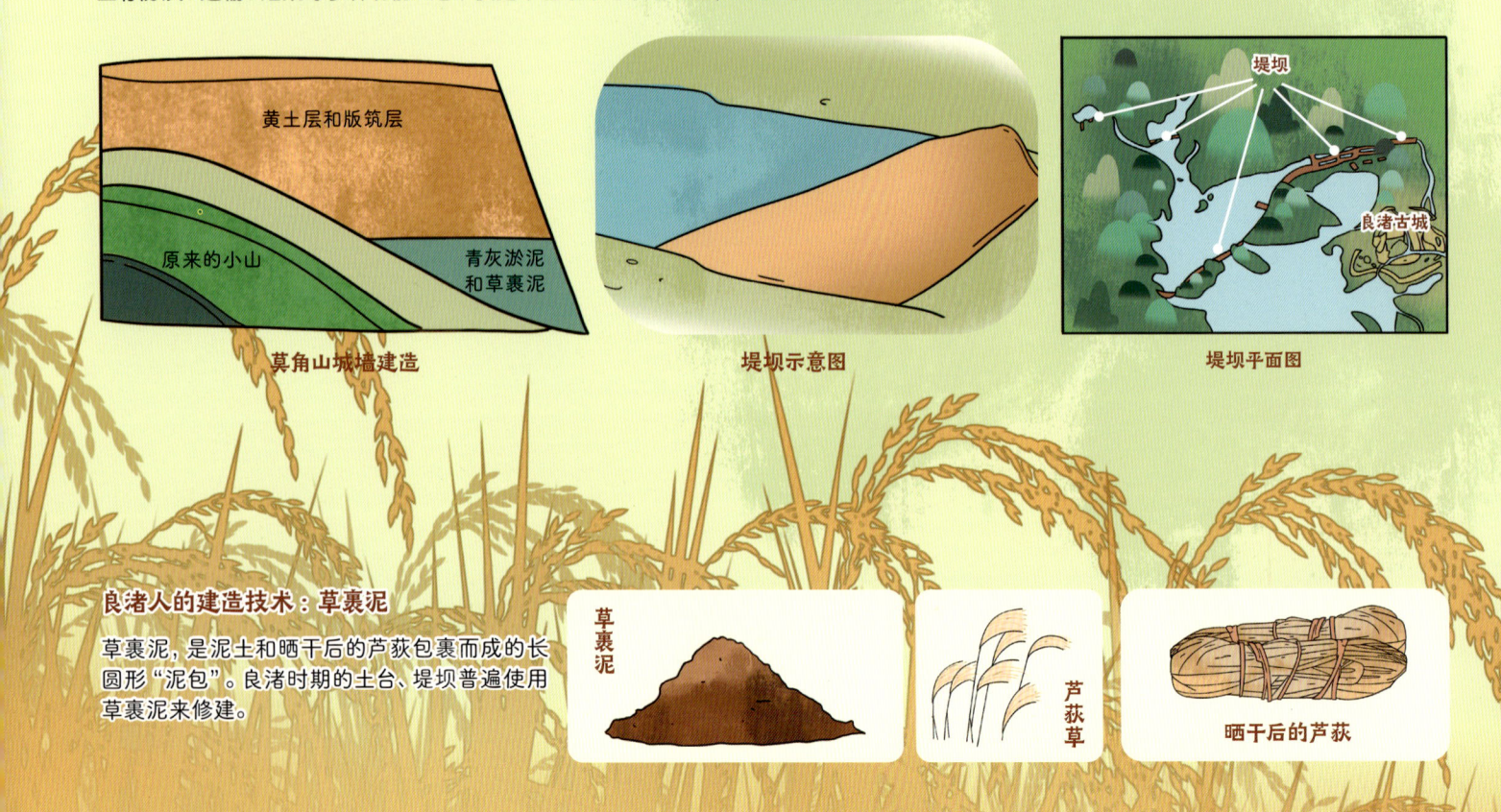

莫角山城墙建造

堤坝示意图

堤坝平面图

良渚人的建造技术：草裹泥

草裹泥，是泥土和晒干后的芦荻包裹而成的长圆形"泥包"。良渚时期的土台、堤坝普遍使用草裹泥来修建。

良渚文化

在莫角山西北方，有一处完整的墓地叫"反山墓地"，它是良渚部族里身份尊贵者的专用墓地，里面出土了许多保存良好的玉器。在人们还没有金属制器的时代里，"玉"就是最好的材料，象征了财富和权力，拥有的玉器越多，就代表那个人越有权、越有地位。

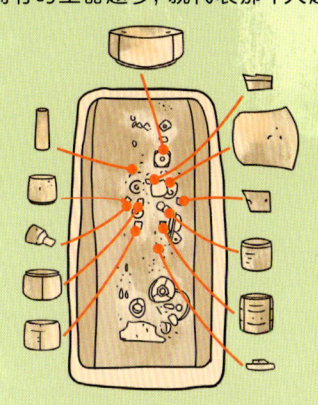

反山墓地

反山墓地 M12 墓的出土玉器位置

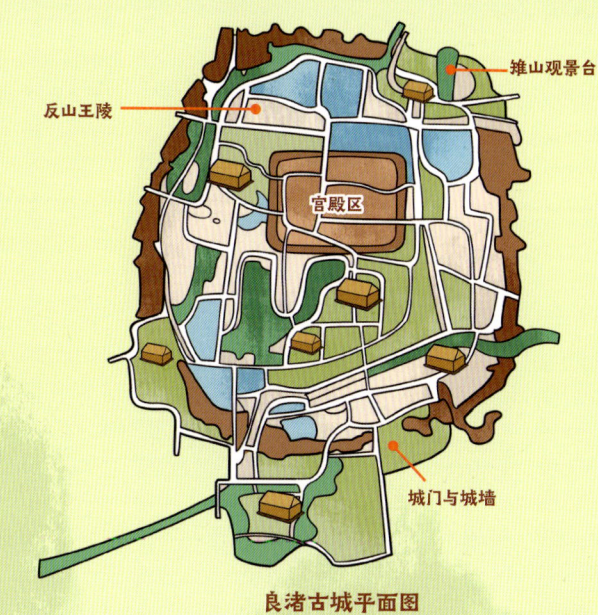

良渚古城平面图（堆山观景台、反山王陵、宫殿区、城门与城墙）

反山墓地出土的文物

神权的象征：玉琮王

玉琮王　俯视图　雕刻神人兽面纹的位置　神人兽面纹（羽冠、神人的脸、神人的手、神人的眼、神人的身体）

在出土的文物里，有一件国宝级玉器，重约6.5千克，俗称"玉琮王"，是目前出土最大的玉琮。玉琮是良渚人发明的、用来与天地神灵沟通的祭祀器物。四面的直槽内刻有"神人兽面纹"。每一件玉琮都有特定的"神徽"图案，既代表了主人身份，也象征着神权。

王权的象征：双孔玉钺

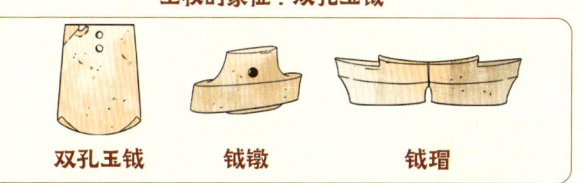

双孔玉钺　钺镦　钺瑁

和玉琮王一起出土的还有双孔玉钺。钺起源于新石器时代的"石斧"，形状跟斧头一样。到了良渚时代，玉钺则变成了一种象征王权的礼器。套在钺柄底下的配件叫钺镦，它的形状就像一只靴子。套在钺柄上的装饰物叫钺瑁，是一个平底玉器。

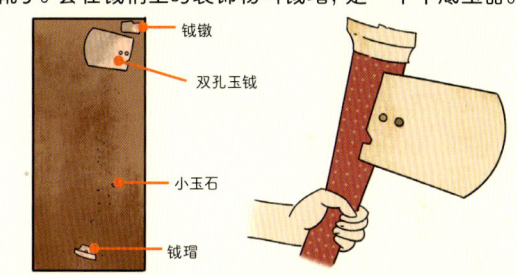

双孔玉钺出土位置（钺镦、双孔玉钺、小玉石、钺瑁）　王之权杖：双孔玉钺复原图

财富的象征：玉璧

玉璧　古代铜币

玉璧作为中国玉器文化的典型代表，早在良渚时代就已经出现。在良渚古城里，玉璧大多为随葬品，而且都是扁圆形的，中间有一个小孔。有学者认为，玉璧是财富的象征。

五千年前的良渚先民如何种水稻？

稻米是良渚人的主要粮食。在莫角山的东坡，发现了接近 3 万斤来自五千多年前的大米，推测是当时宫殿粮仓着火了，大米被烧，并且被废弃在这里。

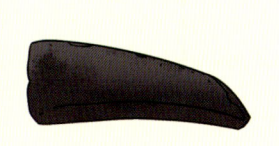

碳化了的大米　收割水稻　良渚稻田

石镰　铁镰　分体式石犁的石片　分体式石犁　石犁复原

在良渚时期，人们会用"石镰"收割成熟的水稻。石镰的形状跟我们现在的铁镰很像，收割时，一手抓住稻秆，另一手用石镰将稻穗和稻秆一同割下。

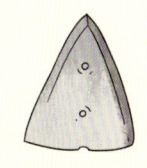

良渚人发明了一种用于耕作的分体式石犁。它是一个扁薄的三角形石片，有一个或三个孔。耕作时，斜的一面插在土层里，一人拉动石犁前进，另一人手扶犁架跟在后面，并保持方向不变。

115

入选时间：2019 年　｜　自然遗产 (x)

中国黄（渤）海候鸟栖息地

「第一期」

中国黄(渤)海候鸟栖息地(第一期)被认为是世界上最大的潮间带泥滩系统。这些泥滩，以及沼泽和浅滩拥有丰富的水产，是许多鱼类和甲壳类生物的生长地。黄海/渤海湾的潮间带，对于东亚—澳大利亚迁徙候鸟的聚集，具有全球性的重要意义。大量的鸟类，包括一些世界上濒临灭绝的物种，依靠着这条海岸线作为换羽、休息、过冬或筑巢的中转站。

在栖息地有记载的物种共680种脊椎动物，包括415种鸟类，26种哺乳动物，9种两栖动物，14种爬行动物，216种鱼类以及165种底栖动物。其中有17个物种在国际自然保护联盟物种红色名单里，包括1种极危物种、5种濒危物种和5种易危物种。

- 勺嘴鹬（极危物种）
- 大滨鹬（濒危物种）
- 丹顶鹤（濒危物种）
- 东方白鹳（濒危物种）
- 黑脸琵鹭（濒危物种）
- 小青脚鹬（濒危物种）
- 黑嘴鸥（易危物种）
- 鸿雁（易危物种）
- 寡妇鸥（易危物种）

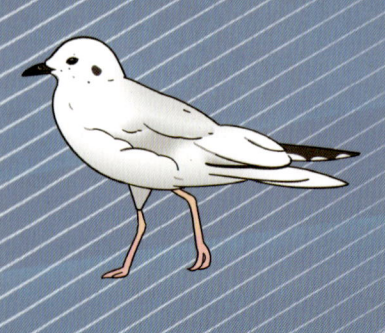

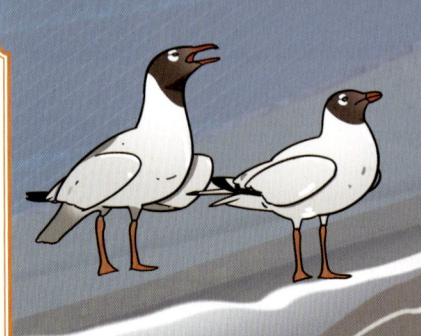

卷羽鹈鹕（易危物种）

黄嘴白鹭（易危物种）

蒙古沙鸻（易危物种）

弯嘴滨鹬（近危物种）

斑尾塍鹬（近危物种）

铁嘴沙鸻（近危物种）

红腹滨鹬（近危物种）

震旦鸦雀（近危物种）

半蹼鹬（近危物种）

黑尾塍鹬（近危物种）

翻石鹬（近危物种）

白腰杓鹬（近危物种）

117

入选时间：2021 年 ｜ 文化遗产 (iv)

泉州：宋元中国的世界海洋商贸中心

该遗址群体现了泉州在宋元时期（10—14世纪）作为世界海洋商贸中心的活力，及其与中国腹地的紧密联系。泉州在亚洲海运贸易的这个重要时期蓬勃发展。遗产地包括多座宗教建筑，如始建于公元11世纪的清净寺（中国最早的伊斯兰建筑之一）、伊斯兰教圣墓，以及大量考古遗迹，如行政建筑、具有重要商贸和防御意义的石码头、制瓷和冶铁生产遗址、城市交通网道的构成元素、古桥、宝塔和碑文。在公元10—14世纪的阿拉伯和西方文献中，泉州被称为刺桐。该遗址还包括一座保留了部分原貌的元代寺庙，以及世界上仅存的摩尼石像。摩尼是摩尼教（又称琐罗亚斯德教）的创始人，该教约于公元6—7世纪传入中国。

顺济桥

六胜塔

六胜塔是商船驶入的地标，也有护佑商旅的作用。

老君岩

道家学说创始人老子的石雕像。

德化窑址

德化窑是10—14世纪泉州地区最繁忙的外销瓷生产基地之一。瓷器是古代"海上丝绸之路"的重要输出商品。

天后宫

出海的人都要祭祀海神妈祖，天后宫见证了妈祖信仰伴随海洋贸易的形成和发展历程。

开元寺

宋元时期泉州规模最大、地位最突出的佛教寺院。

安平桥
中式古代长桥,桥上刻着"天下无桥长此桥",为中国古代第一长桥。

清静寺
清静寺是中国现存最古老的伊斯兰教寺院之一。

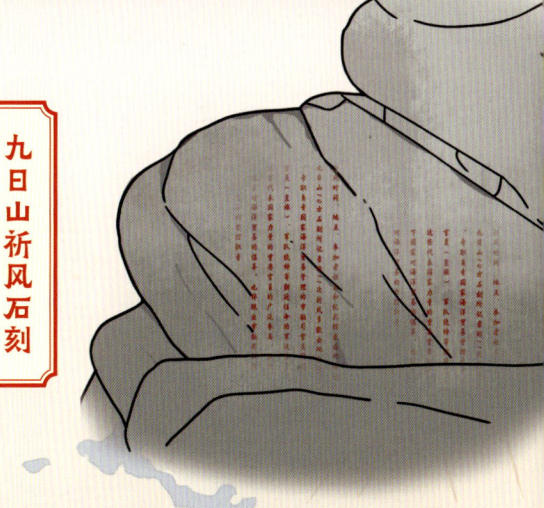

九日山祈风石刻
九日山祈风石刻是一组摩崖石刻,它记载了宋代在泉州的海外贸易官员,为商舶举行祈风仪式的过程。真实记录了宋代海洋贸易与季风密切关联的运行周期等珍贵历史信息。

泉州文庙及学宫
泉州府文庙位于泉州城东南部,是纪念孔子的场所,学宫是最高等级的教育机构,为宋元海洋贸易的推动和管理培养了大批人才。

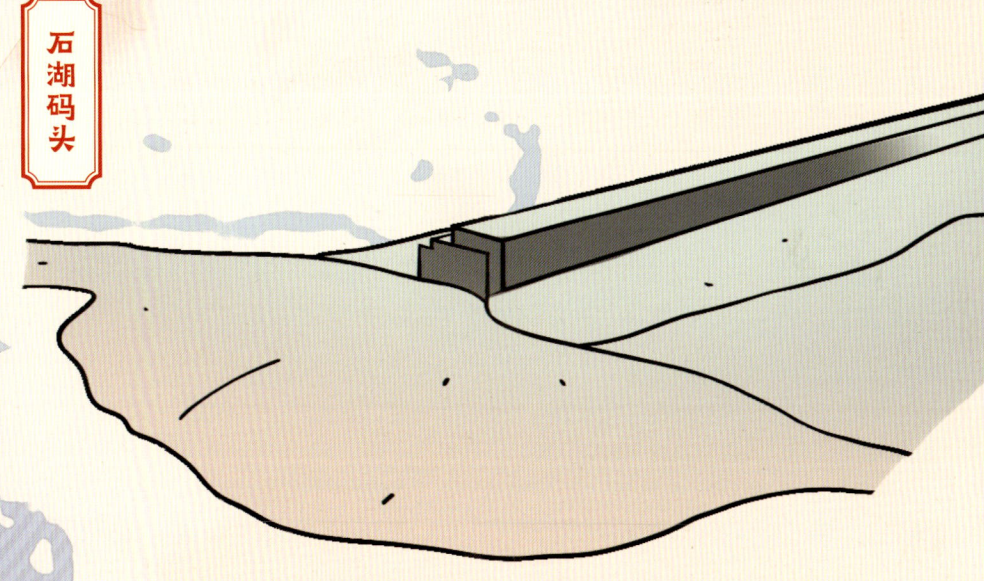

石湖码头
石湖码头是一处天然礁石建造的外港码头。

江口码头
江口码头位于泉州古城东南的晋江北岸,是泉州内港的珍贵遗存,是城郊连接古城的水陆转运节点。

万寿塔
万寿塔是重要的航标塔。它位于泉州湾出海口的制高点,也是镇守海口、护佑商旅的精神寄托。

致 谢

该书得以顺利出版，全靠所有参与本书制作的插画师、设计师和编辑。gaatii 光体由衷地感谢各位，并希望日后能有更多机会合作。

gaatii 光体诚意欢迎投稿。如果您有兴趣参与图书出版，请把您的作品或者网页发送到邮箱：chaijingjun@gaatii.com。